EDITA

T0063694

ANTES DE PERDER

DECONSTRUCCIÓN
DE LA DUDA
EN LA IGLESIA

TU FE

TREVIN WAX · RACHEL GILSON · JAY Y. KIM · BRETT MCCRACKEN
KAREN SWALLOW PRIOR · CLAUDE ATCHO · DEREK RISHMAWY
JOSHUA RYAN BUTLER · JARED C. WILSON · Y MÁS

B&H Publishing Group
Brentwood, TN 37027

Diseño de portada: Gabriel Reyes-Ordeix

Director editorial: Giancarlo Montemayor
Editor de proyectos: Joel Rosario
Coordinadora de proyectos: Cristina O'Shee

Clasificación Decimal Dewey: 234.2
Clasifíquese: FE / CREENCIAS Y DUDAS / CRISTIANDAD

ISBN: 978-1-0877-6882-3

Impreso en EE. UU.
1 2 3 4 5 * 26 25 24 23

ÍNDICE

SEGUNDA PARTE
DECONSTRUIR LOS PROBLEMAS

TERCERA PARTE
RECONSTRUIR LA FE

COLABORADORES

CLAUDE ATCHO sirve como pastor en Fellowship Memphis, una iglesia multiétnica en Memphis, Tennessee. Es autor de un libro que se publicará próximamente sobre literatura y teología afroamericana con Brazos (primavera de 2022).

HUNTER BEAUMONT (ThM, Seminario Teológico de Dallas) es el pastor principal de la iglesia Fellowship Denver y sirve en la junta directiva de Acts 29 U.S. West.

JOSHUA RYAN BUTLER es copastor principal de Redemption Church en Tempe, Arizona, y autor de *The Skeletons in God's Closet* [Los esqueletos en el clóset de Dios] y *The Pursuing God* [El Dios que busca].

RACHEL GILSON forma parte del equipo de liderazgo de desarrollo teológico y cultura de Cru. Es autora de *Born Again This Way: Coming Out, Coming to Faith, and What Comes Next* [Volver a nacer así: cómo salí del clóset, me acerqué a la fe, y qué viene a continuación]. Está cursando un doctorado en teología pública en el Seminario Teológico Bautista del Sur.

IAN HARBER es el director de comunicación de una organización local sin fines de lucro en Denton, Texas. Está cursando su doctorado en el Seminario Teológico Bautista del Sur y ministra a jóvenes adultos en su iglesia local.

SAMUEL JAMES es editor asociado de adquisiciones en Crossway Books, editor de Letter & Liturgy y editor colaborador en Coalición por el Evangelio.

JAY Y. KIM es pastor principal de enseñanza en la iglesia WestGate (Silicon Valley, California) y es profesor en Vintage Faith (Santa Cruz, California). Es autor de *Analog Church: Why We Need Real People, Places, and Things in the Digital Age* [Iglesia analógica: Por qué necesitamos personas, lugares y cosas reales en la era digital].

JEREMY LINNEMAN es el pastor fundador de Trinity Community Church en Columbia, Missouri. Anteriormente sirvió durante siete años como pastor de la iglesia Sojourn en Louisville, Kentucky. Jeremy es un estudiante de doctorado en ministerio en el Seminario Teológico Covenant y el autor de *Life-Giving Groups* [Grupos de vida].

BRETT MCCRACKEN es director de comunicaciones y editor principal de Coalición por el Evangelio y autor de *The Wisdom Pyramid: Feeding Your Soul in a Post-Truth World* [La pirámide de sabiduría: Alimentando tu alma en un mundo de la posverdad]. Brett y su esposa, Kira, viven en Santa Ana, California, con sus dos hijos. Pertenecen a la iglesia Southlands, donde Brett sirve como anciano.

IVAN MESA (ThM, Seminario Teológico Bautista del Sur) es editor de libros en Coalición por el Evangelio. Él y su esposa, Sarah, tienen tres hijos y viven en el este de Georgia.

KEITH PLUMMER (PhD, Trinity Evangelical Divinity School) es decano de la Escuela de Divinidades y profesor de teología en la Universidad de Cairn. Enseña una variedad de temas, incluyendo apologética, tecnología y discipulado cristiano, y consejería pastoral.

KAREN SWALLOW PRIOR es profesora de inglés, cristianismo y cultura en el Seminario Teológico Bautista del Sur. Su libro más reciente es *On Reading Well: Finding the Good Life in Great Books* [Sobre leer bien: Cómo encontrar la buena vida en libros excelentes].

DEREK RISHMAWY es el ministro del campus de la Reformed University Fellowship en la Universidad de California en Irvine. Es copresentador del podcast *Mere Fidelity* y candidato al doctorado en la Trinity Evangelical Divinity School.

TREVIN WAX (PhD, Seminario Teológico Bautista del Sur) es vicepresidente de teología y comunicaciones en LifeWay Christian Resources y profesor en Wheaton College. Es el editor general de The Gospel Project y el autor de múltiples libros, incluyendo *Reconsidera tu identidad* y *The Multi-Directional Leader* [El líder multidireccional].

THADDEUS WILLIAMS (PhD, Vrije Universiteit, Amsterdam) es profesor asociado de teología sistemática en la Universidad de Biola y autor de *Reflect: Becoming Yourself by Mirroring the Greatest Person in History* [Reflejo: Conviértete en ti mismo al imitar a la mejor persona de la historia] y *Confronting Injustice Without Compromising Truth: 12 Questions Christians Should Ask About Social Justice* [Enfrenta la injusticia sin comprometer la verdad: 12 preguntas que los cristianos deben hacer sobre la justicia social]. Thaddeus vive en el sur de California, con su esposa y sus cuatro hijos.

JARED C. WILSON es profesor adjunto de ministerio pastoral en el Spurgeon College, autor en el Midwestern Baptist Theological Seminary y director del centro de formación pastoral de la Liberty Baptist Church, todo ello en Kansas City, Missouri. Es editor general de For The Church (ftc.co) y copresentador del podcast *For the Church* y del podcast *Art of Pastoring* de *Christianity Today*. Es autor de más de 20 libros, entre ellos *The Imperfect Disciple* [El discípulo imperfecto] y *The Gospel-Driven Church* [La iglesia dirigida por el evangelio].

INTRODUCCIÓN

IVAN MESA

Nunca había oído hablar de Rhett y Link —el dúo detrás de *Good Mythical Morning* (su programa diario en YouTube con más de 16 millones de suscriptores) y *Ear Biscuits* (su podcast)— hasta que conocí su historia de deconstrucción pública. Los dos —que hasta diciembre de 2020 eran el cuarto lugar en ganancias de YouTube, con 20 millones de dólares al año[1]— compartieron cómo pasaron de ser empleados y misioneros de Cru a incrédulos; o, como se describe ahora Rhett, un «agnóstico esperanzado». Los cómicos llevan años siendo un elemento básico en muchos hogares con niños y jóvenes (con videos que van desde batallas «épicas» de rap hasta probar los pimientos más picantes del mundo o dispararse con pistolas Nerf), así que no era de extrañar que su anuncio público inquietara la fe de muchos.

Aunque las historias de deconstrucción no son nada nuevo en nuestra era secular —por ejemplo, Jen Hatmaker sigue describiéndose

---

1. Rupert Neate, «*Ryan Kaji, 9, earns $29.5m as this year's highest-paid YouTuber*», *The Guardian*, 18 de diciembre, 2020, https://www.theguardian.com/technology/2020/dec/18/ryan-kaji-9-earns-30m-as-this-years-highest-paid-youtuber.

como cristiana y Joshua Harris no lo hace—, parece que para muchos
la fe cristiana tradicional es cada vez más inverosímil. Según Rhett: «Si
no tengo que creer [en el cristianismo], ¿por qué habría de hacerlo?».

Dada la prevalencia de estas historias, en Coalición por el Evangelio
hemos pedido a algunos de nuestros escritores más confiables que
aborden el fenómeno de la deconstrucción desde varias perspectivas.
Si estás tratando de dar sentido a tu fe, espero que estos capítulos
te den una perspectiva, respondan a tus preguntas, o al menos te
ayuden a entender que no estás solo. Aunque pueda parecer que tu
mundo está siendo sacudido, tal vez incluso sufriendo una especie
de muerte, estamos convencidos de que una fe más fuerte y asentada
puede existir al otro lado.

¿QUÉ ES LA DECONSTRUCCIÓN?

En primer lugar, definamos los términos. Según un escritor, «la
deconstrucción es el proceso de diseccionar sistemáticamente y a
menudo rechazar las creencias con las que se ha crecido. A veces,
el cristiano deconstruye hasta el ateísmo. Algunos se quedan ahí,
pero otros experimentan una reconstrucción. Sin embargo, el tipo de
fe que terminan aceptando casi nunca se parece al cristianismo que
conocían antes».[2]

En los últimos años, la atención prestada a las historias de deconstrucción se ha incrementado. Y la tendencia se extiende más allá del
foco de atención de los cristianos conocidos con numerosos seguidores
en las redes sociales y podcasts. Puede ser que los casos de alto perfil
hayan normalizado la incredulidad, envalentonando a la gente común
a proceder en sus propios viajes de deconstrucción. Esa es una de las
formas en que las redes sociales podrían estar acelerando esta tendencia. Mientras que hace 50 años podría haber sido difícil encontrar
una «comunidad» de cristianos deconstructores (y por lo tanto no era
una opción social válida), ahora es fácil encontrar esa «comunidad» en

---

2.   Alisa Childers, *Another Gospel?: A Lifelong Christian Seeks Truth in Response to Progressive
      Christianity*, (Carol Stream, IL: Tyndale, 2000), 24.

línea, eliminando aún más los miedos o estigmas que podrían estar asociados con la deconstrucción espiritual.

Por supuesto, aunque la tecnología ha influido en algunas de estas dimensiones sociales, en el fondo este camino hacia la incredulidad no es nada nuevo. El propio Jesús lo advirtió: «Habrá tanta maldad que el amor de muchos se enfriará, pero el que se mantenga firme hasta el fin será salvo» (Mat. 24:12-13). Desde Demas (2 Tim. 4:10) hasta Himeneo y Fileto (1 Tim. 1:20; 2 Tim. 2:17), la iglesia primitiva vio a muchos abandonar la fe que una vez profesaron (1 Jn. 2:19). Debemos entristecernos, pero no debemos sorprendernos.

Después de ser rechazado por la familia y por la nación de Israel (Mar. 3:20-30), Jesús redefinió la verdadera familia espiritual como aquellos que hacen la voluntad de Dios (Mar. 3:35). ¿Por qué algunos creen y otros no? ¿Por qué incluso los que creen a veces no perseveran en la fe? En el siguiente capítulo del Evangelio de Marcos leemos la parábola del sembrador (Mar. 4:1-20). Solo una de las cuatro tierras produce frutos. Aquí aprendemos varias cosas importantes sobre el evangelio, la fe en Jesús y las diferentes respuestas al evangelio. Es relevante para nuestra discusión, ya que explica por qué algunos que profesan la fe finalmente se alejan. Es una advertencia para cualquiera que proclame el nombre de Cristo.

Pero tu historia, a diferencia de estas sobrias advertencias, puede terminar en una esperanza firme y un gozo recién descubierto.

MIRA A JESÚS

Dado que estás leyendo este libro, es probable que estés buscando el sentido de tu fe: si vale la pena confiar en Jesús, si es tu propia fe y no solo un sistema de creencias heredado, si hay demasiadas cuestiones problemáticas o desconcertantes en las Escrituras, si vale la pena soportar los fracasos y la hipocresía de tantos que proclaman el nombre de Cristo. Quizás estas preocupaciones no han hecho más que exacerbar tus dudas, con tantas que contar que no sabes ni por dónde empezar.

Tal vez miras a tu alrededor en el paisaje de la iglesia contemporánea y piensas: *Esto no puede ser lo que Jesús tenía en mente*. Tal vez hayas observado una versión del cristianismo cultural que tiene más que ver con el sueño americano que con Jesús de Nazaret.

En muchos tiempos y en muchos lugares, los creyentes han luchado con el hecho decepcionante de que no todo el que se llama a sí mismo «cristiano» se asemeja al carácter de Cristo y al testimonio de la Iglesia histórica. Siempre veremos expresiones culturales del cristianismo que pueden ser más o menos bíblicas. Y siempre nos sentiremos frustrados por esta desconexión, a veces hasta el punto de querer desvincularnos por completo del desorden.

Tal vez provienes de una comunidad que no vive conforme a la Biblia. O tal vez todavía no has encontrado una comunidad donde el evangelio parezca vivo y real. Queremos que este libro te presente una comunidad de creyentes que han luchado a través de estos conflictos, han ayudado a otros en medio de sus dudas, y tal vez incluso han experimentado deconstrucción. Porque el cristianismo —para ser más específicos, Jesús— puede ayudar, sean cuales sean tus preguntas. Cualquiera que sea tu lucha, mejora con más —y no menos— cristianismo. Puede ser tentador dejar la iglesia para encontrar las respuestas. Pero queremos que reconsideres la iglesia como el mejor lugar para lidiar con tus dudas y la deconstrucción.

La deconstrucción, por más que sea una experiencia traumática y emocionalmente agotadora, no tiene por qué terminar en un callejón sin salida de incredulidad. De hecho, la deconstrucción puede ser el camino hacia la reconstrucción, es decir, hacia la construcción de una fe más madura y fuerte que se enfrente honestamente a las cuestiones más profundas de la vida. Mientras lees, oramos para que Jesús te resulte más valioso; para que la iglesia, aunque esté llena de defectos y pecados, te acoja y te guíe a Él; y para que, al otro lado de este proceso, tú también te gloríes en tu Salvador al hablar a otros de Su amor inagotable.

PRIMERA PARTE

DECONSTRUIR
LA DECONSTRUCCIÓN

1

DEJAR LAS DUDAS Y REGRESAR A LA VERDAD

TREVIN WAX

Cada vez que me entero de que alguien deja la iglesia (¡esta vez para siempre!) en medio de un creciente número de dudas sobre la fe cristiana, no suelo sorprenderme. Me entristece, pero no me escandaliza. En una época secular, espero que las personas de diferentes religiones y las que no profesan ninguna fe se debatan con diversas preguntas y dudas. Me sorprende menos cuando alguien sucumbe a la sutil atracción del secularismo que cuando la gente mantiene una firme convicción de que su religión es verdadera, no simplemente útil.

Este tipo de abandono de la iglesia suele producirse tras meses (o años) de plantearse serias dudas. Siempre me anima ver que los miembros de la iglesia se hacen buenas preguntas sobre lo que creen.

Demasiados cristianos, a lo largo de los años, han tratado de mantener el motor de la fe con el humo de la devoción de sus padres, sin preguntarse no solo *en qué* creen, sino *por qué* creen. Lejos esté de mí el reprender a alguien más por indagar en esas áreas del cristianismo que les causan ansiedad. Examinar los puntos de conflicto no indica que la fe de uno sea débil, sino que la fe es lo suficientemente fuerte y sólida como para resistir ese escrutinio.

Por desgracia, algunos van más allá de la lucha contra las preguntas y dudas para comprender mejor y apropiarse de su fe; llegan a la fase de «deconstrucción». El cristianismo ya no parece plausible. Se rechazan las enseñanzas en las que antes creían. A veces, admiten que hay aspectos de su camino de fe que echarán de menos, y se preguntan si una «nueva fe revisada» les permitirá mantener alguna semblanza de lo que tenían antes. Confían en que cualquier cristianismo que adopten tras un periodo de deconstrucción será una versión mejor y más convincente, una fe más «viable» para los tiempos que vivimos. Pero por ahora, al menos, no están interesados en revisar la fe o en buscar un nuevo tipo de cristianismo; en cambio, optan por otras vías espirituales que pueden ofrecer propósito y significado sin requerir la afirmación de ciertas doctrinas o la adhesión a un código moral.

Tal vez te encuentres en una época de cuestionamiento, o incluso hayas llegado a un momento en el que la «deconstrucción» describe mejor tu estado actual. Me gustaría responder al ser sincero sobre tres cosas.

En primer lugar, siempre que me dirijo a quienes describen su camino de fe de esta manera, me comprometo a hacer todo lo posible para persuadirlos de la verdad y la belleza del cristianismo, porque me aferro a la esperanza de que una fe reconstruida al otro lado de este viaje de la duda puede ser más fuerte y vibrante que todo lo que han experimentado hasta ahora.

En segundo lugar, una fe reconstruida requerirá recuperar la ortodoxia cristiana, no apartarse de ella. Permítanme decirlo así: recuperar la fe incluirá recuperar la fe, no alterar palabras cristianas como «amor», «gracia» y «misericordia» llenándolas de significados derivados de la cultura contemporánea.

En tercer lugar, no importa el tiempo que los amigos permanezcan en un estado de incredulidad en el evangelio y de desobediencia al Señor, yo sigo siendo devoto a ellos y su bienestar, y por eso oro para que sean perseguidos por el Jesús de los Evangelios, hasta que queden hipnotizados por Su poder y Su amor; hasta que queden cautivados por Su belleza y anhelen volver a pertenecer a Su pueblo.

DOS CATEGORÍAS DE DUDAS

Muchas de las dudas y luchas más comunes parecen corresponder a dos categorías, con cierto solapamiento entre ellas. El primer grupo se centra en la *veracidad* de la enseñanza cristiana: *¿es el cristianismo verdadero?* Es fácil encontrar inverosímiles algunas de las afirmaciones de verdad del cristianismo. ¿Podemos creer realmente que Jesús nació de una virgen, que los milagros que leemos en el Antiguo y el Nuevo Testamento ocurrieron realmente, y que el mundo de la Biblia es una mejor descripción de la realidad que el mundo científico de las leyes naturales que experimentamos cada día? Muchas historias cristianas —y doctrinas como la plena deidad y la plena humanidad de Cristo— parecen fuera de lugar, irrelevantes o inverosímiles.

La segunda serie de dudas se centra en la *bondad* de la enseñanza cristiana: *¿es bueno el cristianismo?* A medida que la gente examina el historial del cristianismo a lo largo de los siglos y ve los destrozos que han dejado muchos que han realizado cosas atroces en nombre de Jesús, se inquieta con una certeza religiosa que podría conducir a más actos de violencia y discriminación injusta. ¿Podemos creer realmente que la Iglesia es una fuerza del bien en el mundo cuando tantas tragedias pueden atribuirse a sus miembros? Algunos aspectos de la visión moral del cristianismo, en particular los mandatos relativos a la sexualidad y el matrimonio, parecen retrógrados e inviables; las aspiraciones morales de la Biblia son inalcanzables.

Cuando comienzas a dudar puede que intentes salvar una identidad cristiana que siga siendo fiel a por lo menos uno de los conjuntos antes mencionados. Tal vez pienses que puedes aferrarte a las afirmaciones de la verdad fundamental del cristianismo —la resurrección de Jesús, por ejemplo, u otras afirmaciones que se encuentran en el Credo de los Apóstoles— y seguir rehaciendo y revisando la visión moral del cristianismo para que corresponda mejor con las nociones contemporáneas de bondad y libertad. O tal vez pienses que puedes centrarte en una visión moral renovada que incluya todas las enseñanzas del cristianismo que te parecen adecuadas —amar a tu prójimo como a ti mismo, mostrar gracia al marginado, al extranjero, incluso a tu enemigo—, al tiempo que restas importancia o reinterpretas algunas de las historias milagrosas que te parecen vergonzosas en una época de avances tecnológicos. Muchas personas quieren mantener algo parecido al cristianismo, ya que creen que las religiones son buenas cuando nos dan un propósito y nos hacen más amables y decentes con los demás. Pero esos intentos de mantener una parte del cristianismo sin el todo, o de revisarlo según nuestras preferencias, solo nos dejan insatisfechos.

MIS RAZONES PARA LA ESPERANZA

Esto nos lleva a lo que muchos describen como su deconstrucción. Algunos en este estado dirán que no han descartado el cristianismo para siempre. Sin embargo, creen que ya no es correcto describirse como cristianos. Los interrogantes y las dudas les impiden identificarse con el cristianismo histórico. Tal vez te encuentras en esta situación al leer este capítulo. Aunque estas noticias siempre me entristecen, tengo la esperanza de que tu fe cristiana puede recuperarse. He aquí la razón.

En primer lugar, admiro a cualquiera que tenga la integridad de renunciar a la búsqueda infructuosa de moldear y cambiar la fe cristiana en una identidad que le convenga más, por muy distante que esté de la ortodoxia. El uso del lenguaje de la deconstrucción reconoce con razón que, sea cual sea la espiritualidad que alguien reivindique, no es el cristianismo histórico. Reclamar una identidad cristiana mientras se tienen creencias no cristianas sería intelectualmente deshonesto, tanto para ti como para otros cristianos.

En segundo lugar, me anima cualquiera que tenga tenacidad para hacer preguntas y buscar respuestas. Además, aunque te das cuenta de que esta desconversión te ha costado amistades y relaciones, pareces comprometido a seguir la verdad dondequiera que te lleve. En algunos contextos eclesiásticos, sería mucho más fácil suprimir las preguntas y acallar las dudas que arriesgarse a la crisis de identidad que supone luchar con cuestiones profundas de fe.

En tercer lugar, si te describes como deconstruido y sin embargo sigues empeñado en hacer preguntas, tengo la esperanza de que en tu continua búsqueda de la verdad el Espíritu Santo te traiga claridad e iluminación. Si no fuera por el Espíritu Santo, no habría esperanza de que nadie continuara en la fe, incluido yo mismo, así que no pongo mis esperanzas de que recuperes el cristianismo en ti mismo, en tus preguntas o (¡desde luego no!) en mis respuestas, sino en el Espíritu, cuya labor es esencial para abrir los ojos y los corazones a la belleza de Jesús y al amor de Su pueblo.

HACER MÁS PREGUNTAS

Sin embargo, ¿cómo debo responder a la desconversión, a las dudas y preguntas que ahora abruman la identidad cristiana de alguien? Es posible que esperen que les diga simplemente que «tengan fe», que dejen de lado esas dudas y den un salto: que crean que algo es cierto antes de estar convencidos de su veracidad o bondad. Pero esta respuesta hace que la fe cristiana parezca demasiado alejada de las preguntas difíciles.

No, lo último que querría que hicieras es suprimir tus preguntas y acallar tus dudas. Por el contrario, espero que descubras *más* preguntas y albergues *más* dudas. Has leído bien. Tienes que dudar más. Necesitas cuestionar más.

Para ser justo en tu búsqueda de la verdad, debes tomar esas dudas y preguntas que has desarrollado en el cristianismo y apuntarlas a la historia que has adoptado para ti. Hasta ahora, tu fe en ti mismo y en la deconstrucción ha escapado al nivel de escrutinio intenso al que sometiste tu anterior fe cristiana. Si realmente deconstruyes de forma auténtica y honesta, entonces tu nueva fe debe someterse al mismo nivel de examinación que tu antigua fe.

Esto es lo que quiero decir. Comencemos con el primer conjunto de dudas que hayas podido albergar: las que se refieren a la veracidad del cristianismo. Aplícalas a ti mismo. ¿Qué razones tienes para creer que tus dudas provienen de un corazón neutral y honesto? ¿Y si no eres el perseguidor desapasionado de los «hechos» que crees que eres, sino que estás moldeado por suposiciones y premisas que nunca has cuestionado? ¿Crees que todas las afirmaciones religiosas sobre la verdad son relativas? Si es así, ¿por qué? ¿Qué pruebas tienes para ver el mundo solo en términos naturales? ¿De qué manera tu entorno cultural actual hace que esta forma de vida te parezca plausible? ¿Es posible que simplemente hayas cambiado un conjunto de supuestos no probados por otro?

Del mismo modo, analiza tus preguntas sobre la bondad del cristianismo. ¿Quién determina la bondad? ¿De dónde sacas esa sensación de bondad? ¿Podría ser que las medidas por las que juzgas la idoneidad de la Iglesia sean los estándares que la Iglesia te ha legado? Toma esas dudas que tienes sobre el cristianismo y dirígelas a tu propio corazón. ¿Y si las dudas que tienes sobre la bondad del cristianismo tienen su origen en el deseo de justificarte a ti mismo, de mostrar tu bondad, de cambiar de lugar con Dios para que seas tú quien tenga el mazo?

Tal vez te desconcierte mi descripción de tu «fe recién descubierta». Puede que te hayas acostumbrado tanto a pensar en términos de deconstrucción que prefieras decir que ahora no tienes ninguna fe, o que eres espiritual en un sentido amplio y vago en lugar de en un sentido particular. Pero no creo que no tengas fe. Tu fe simplemente ha cambiado, alejándose de Dios y de Su Palabra y acercándose a ti mismo y a la historia que has creado, en la que ahora encuentras sentido y significado. Tu sentido de pertenencia también ha cambiado: se ha alejado del pueblo de Dios que confiesa su fe y lealtad a Jesús, y se ha acercado a personas que afirman tu desconversión. Tu contexto cultural y tu nueva comunidad te han condicionado a ver la duda como algo valiente. En lugar de encontrar tu identidad y propósito dentro de la historia de la Biblia, has adoptado una fe que sigue los contornos de la historia del mundo de la Ilustración: hubo un tiempo en el que te refugiabas en la superstición y en el dogma religioso, pero ahora te has atrevido a emprender tu propio camino, a rechazar la fe de las épocas oscuras de tu pasado, a liberarte de tu iglesia y a convertirte en el héroe que forma su propio camino en la vida.

No te equivoques: sigues en un viaje de fe; solo que la forma de relatar tu historia ha cambiado. ¿Recibirá esa historia tanto escrutinio como la historia cristiana que has rechazado? ¿Tendrá tu nueva comunidad los mismos estándares que tu antigua comunidad? ¿Recibirá tu persona un examen tan crítico como el de tu Salvador?

Hasta que los pensadores no se planteen más preguntas sobre su deconstrucción, creo que están intercambiando creencias, aceptando simplemente (por fe) una nueva historia que da sentido y significado a su vida. Todavía no han puesto sus nuevos supuestos bajo el microscopio. Por ejemplo, ¿por qué la gente acepta la idea de que es de mente amplia rechazar los milagros en favor de una visión naturalista del mundo, cuando la mente cristiana es lo suficientemente amplia como para creer tanto en las leyes naturales como en la intervención sobrenatural? ¿O por qué algunos creen que es correcto rechazar ciertos aspectos de la enseñanza moral del cristianismo cuando la base de su rechazo está tan impregnada de nuestras normas y expectativas sociales que ni siquiera lo notamos?

Recuerda que siempre hay más cosas en nuestros corazones y mentes de las que podemos entender. El cristianismo puede soportar un examen riguroso de su verdad y su bondad. La pregunta es: ¿puede tu nueva fe, expresada en tu historia de desconversión, soportar el mismo nivel de interrogación? Ya no estás seguro del Dios del cristianismo; ¿estás seguro del yo que colocas en el centro de tu historia de desconversión?

MANTENER UNA MENTE ABIERTA

Mientras sometes tu historia y tus nuevas creencias a nuevos conjuntos de preguntas, espero que mantengas una mente abierta hacia las enseñanzas del cristianismo a las que una vez te adheriste. Si lo haces, creo que descubrirás que es más parecido a los principios fundamentales del cristianismo de lo que podrías esperar. Muchas historias de deconstrucción sustituyen el drama cósmico del bien y el mal —con la cruz y la resurrección de Cristo en el centro de una serie de paradojas maravillosas que dan vida— por la búsqueda individual del autodescubrimiento. La búsqueda del yo, sin embargo, conduce a una vida más vacía y superficial, un camino hacia la nada —algo muy alejado de la visión bendita descrita por el cristianismo y de una verdadera unión con Dios que sobrecoge, pero nunca borra nuestra personalidad única. Una y otra vez, doctrinas que pueden parecer de mal gusto o inverosímiles en nuestros días pueden sorprender.

Por ejemplo, la idea de que todos los seres humanos están marcados por la pecaminosidad, que no somos básicamente buenos sino básicamente malos. Eso es difícil de aceptar para muchos hoy en día, que encuentran más digno pensar en la humanidad como básicamente buena, con la propensión a la corrupción y los errores. Pero ¿y si esta doctrina, por difícil que parezca, resulta ser una gran fuerza igualadora que pone al príncipe al mismo nivel moral que al mendigo, y lanza la llamada al arrepentimiento a todas las personas sin importar su rango, estatus o prestigio? Otro ejemplo: la creencia de que un Dios bueno creó el mundo e hizo a los seres humanos a Su imagen y semejanza, de modo que todos tenemos dignidad y valor y somos responsables moralmente. Esta idea tiene poco sentido en un mundo en el que la materia es lo único que existe, o en una sociedad en la que la gente se burla de la idea de que un juez divino nos haga responsables de nuestros actos. Pero ¿y si esta doctrina, por desafiante que sea, proporciona la base para creer en los derechos humanos y tratar a los demás con dignidad, mientras que la visión secular debe admitir que el compromiso con los «derechos humanos» no se basa más que en una ficción útil que ayuda a la sociedad a funcionar?

RECUPERAR LA ORTODOXIA

No es de extrañar que, en una época secular, la gente se debata entre dudas y preguntas. Siempre somos tentados a desafiar las limitaciones de la ortodoxia en los puntos de conflicto en los que más necesitamos las limitaciones de la ortodoxia. En cada cultura y en cada época, algunas partes del cristianismo parecen inverosímiles. Algunos aspectos de la ortodoxia parecen extraños. La verdad es extraña. No la hemos inventado. La ficción tiene más sentido. La herejía siempre parece razonable. La deconstrucción nos atrae porque lanza una nueva fe que se adapta mejor a la historia que queremos contar sobre nosotros mismos.

El cristianismo, sin embargo, está más vivo que nosotros. Esta fe se niega a aceptar nuestro error, por muy sincero que sea, e insiste en cambio en alejarnos del error, creyendo en la victoria final de la verdad. La deconstrucción nos ata al movimiento del momento actual; el cristianismo nos libera de la esclavitud de la actualidad.

Por eso te animo a hacer lo que es verdaderamente «provocador» y «atrevido»: no hacer más preguntas al cristianismo o a tu antigua iglesia, sino enfocar esas preguntas en ti mismo. En una época en la que la gente cree que puede elegir a qué partes de cualquier religión adherirse, es realmente sorprendente cuando alguien se somete a la verdad más allá de sí mismo y de sus cambiantes intuiciones.

UNA HISTORIA DIFERENTE

Por eso, si te encuentras en un estado de deconstrucción, espero que vuelvas a considerar el cristianismo mientras te comprometes a hacer más preguntas. Has cuestionado tu fe; ahora es el momento de cuestionarte a ti mismo. Y mientras lo haces, recuerda esto: el Jesús cuyas palabras y acciones cambiaron el mundo —que salta de las páginas de los Evangelios a nuestros corazones y mentes, la figura incomparable que irrumpe fuera de cualquier caja en la que lo hubiéramos colocado y rompe las cadenas de todas las expectativas culturales—, este Jesús ama a los escépticos. Le dijo a Tomás que Él es el Camino, la Verdad y la Vida, pero cuando Tomás no pudo ni quiso creer, Jesús le mostró de cerca Sus cicatrices de amor.

Jesús está vivo. Sigue sorprendiendo a la gente hoy, y oro para que te sorprenda a ti. Y espero que un día, tal vez pronto, mires hacia atrás y veas cómo Dios utilizó esta temporada de deconversión de una manera similar a la forma en que un hueso fracturado puede terminar más fortalecido en el mismo lugar donde se produjo la fractura. Los huesos fracturados, las historias de deconstrucción, no son agradables, pero Jesús es capaz de sacar cosas buenas de las malas. Él puede resucitar la vida de la tumba de una fe enterrada. No puedo esperar a leer el siguiente capítulo de tu historia.

2

EL CRISTIANISMO «PROGRESISTA» ERA AÚN MÁS SUPERFICIAL QUE LA FE EVANGÉLICA QUE DEJÉ

IAN HARBER

En Juan 6, la dura enseñanza de Jesús hace que un gran número de Sus seguidores lo abandonen. Después de que se van, Jesús pregunta a los discípulos que quedan: «¿También ustedes quieren marcharse?» (v. 67).

Pedro, que supongo estaba desconsolado y avergonzado por ver a tantos conocidos abandonar al que llama Señor, declara: «Señor, ¿a quién iremos? Tú tienes palabras de vida eterna. Y nosotros hemos creído, y sabemos que tú eres el Santo de Dios» (vv. 68-69).

Esta historia es la mía. He caminado en los dos zapatos: el de los que desertaron y el de Pedro que no podía irse, por muy difícil que pareciera quedarse. Fui un exevangélico que dejó la fe de mi juventud por el «cristianismo progresista». Luego volví. Esta es mi historia de regreso a la fe evangélica.

CÓMO SE DESMORONÓ MI FE

La tradición cristiana en la que crecí —por todas las cosas maravillosas que me dio— no estaba preparada para una generación de niños con acceso a Internet de alta velocidad. No es que las críticas a la Biblia que descubrimos en la red fueran nuevas, sino que ahora estaban al alcance de los curiosos que crecieron en burbujas evangélicas. Como yo. Las respuestas dadas en la iglesia parecían superficiales comparadas con las críticas legítimas que estaban a una búsqueda en Google o en un vídeo de YouTube. ¿Qué pasa con las contradicciones e inexactitudes científicas de ciertos relatos bíblicos? ¿Cómo nos hemos encogido de hombros ante los pasajes en los que Dios ordena a Israel masacrar a sus enemigos y a sus hijos? ¿Cómo podría un Dios amoroso condenar a Su amada creación a un tormento eterno? ¿Y qué hay de todas las demás religiones? ¿No dicen todas básicamente lo mismo? Estas preguntas, entre otras, empezaron a socavar la autoridad de las historias que se me transmitieron de niño.

No solo tenía preguntas sobre la Biblia, sino también sobre cómo encajaba con la cultura política de mi fe. ¿Por qué nuestras políticas parecían perjudicar especialmente a las comunidades pobres y marginadas? ¿Por qué era común en la iglesia ver a los cristianos degradar a los inmigrantes, hechos a la imagen de Dios, que simplemente buscaban una vida mejor en mi ciudad de Texas? Por muy importante que sea el aborto, se supone que también debemos preocuparnos por los que sufren después del nacimiento, ¿no?

No podía evitar pensar que tenía que ser más complicado que la historia que me contaban.

Así que, finalmente, dejé la fe por completo. No quería tener nada que ver con Jesús ni con la Iglesia.

Curiosamente, fue en una época de luto —cuando supe que mi madre, de la que estaba distanciado, había muerto a los 33 años (yo tenía 16)— cuando Dios empezó a entrar de nuevo en mi vida. Pero mi entorno evangélico carecía de una teología sustancial del sufrimiento. El sufrimiento era algo que había que evitar o suprimir, no un medio de la gracia transformadora de Dios en nuestras vidas.

Este triángulo de preguntas —sobre las Escrituras, la política y el sufrimiento— sentó las bases para que explorara el cristianismo progresista.

DECONSTRUCCIÓN SIN RECONSTRUCCIÓN

Leí los libros de Rob Bell, *Velvet Elvis* y *Love Wins* [El amor triunfa]. Leí *Blue Like Jazz* [Azul como el Jazz] de Donald Miller. Todavía recuerdo el párrafo de *Blue Like Jazz* que me abrió a un mundo de gracia que no había experimentado, pero también a un mundo liberado de la doctrina ortodoxa. Como fan de Michael Gungor, empecé a escuchar su recién estrenado podcast, *The Liturgists* [Los liturgistas].

Los puntos de vista que encontré fueron emocionantes. La ciencia no tenía que ser descartada por la Biblia. Cuando la oración parecía una moneda al aire, el misticismo ofrecía una nueva forma de encontrar lo divino. La fe podía inspirar una política que incluía la atención a los grupos marginados. Y lo que es más importante, al escuchar las historias de deconstrucción de Michael Gungor y «Mike el científico» McHargue, escuché mi historia. Encontré gente que entendía lo que era deconstruir tu fe y tener que reconstruirla desde cero.

Pero entonces me encontré con un problema. Mientras seguía escuchando y leyendo, me di cuenta de que no tenía las herramientas necesarias para reconstruir, y no recibía ninguna de estas voces. Cada creencia que tenía había sido cuidadosamente desmontada y puesta al descubierto en el suelo para ser examinada. Pero no había ninguna guía para volver a armar algo. Ayudar a la gente a deconstruir su fe sin ayudarla a recomponerla es perezoso, irresponsable, peligroso y aislante. El objetivo de la deconstrucción debe ser una mayor fidelidad a Jesús, no el mero autodescubrimiento o la señalización de la propia virtud.

A medida que avanzaban los liturgistas, se alineaban cada vez más con la plataforma progresista de la izquierda política. Me recordó la facilidad con la que los cristianos conservadores creían en todo lo que el partido republicano les decía que creyeran. Cuando terminaron las elecciones de 2016, tuve una extraña experiencia. Compartí la preocupación de los progresistas por el país, pero también vi que utilizaban las mismas pruebas de fuego que los evangélicos conservadores de mi juventud, solo que ahora en el otro lado del pasillo. Ahora, si uno se aferra a una ética sexual cristiana histórica, es un fanático retrógrado. Si considerabas que el aborto era moralmente incorrecto, estabas en contra de las mujeres.

Los progresistas se habían vuelto tan fundamentalistas como los fundamentalistas que despreciaban. Solo que ahora, en vez de que los valores tradicionales fueran la prueba de fuego, ahora era la apertura a los problemas sociales. Si no seguías la línea del partido de la ortodoxia progresista, eras un paria. Un hereje.

LA MARCA «PROGRESISTA». EL MISMO DISCURSO SUPERFICIAL DE SIEMPRE.

Había oído hablar de los peligros del deísmo terapéutico moralista (DTM), la religión americana por defecto en la que Dios simplemente quiere que vivas una vida decente, que no estés triste, y no se entromete en tu vida. En un principio, acudí al cristianismo progresista para contrarrestar ese tipo de creencia superficial. Pero lo que encontré fue más de lo mismo, solo que con nuevas definiciones.

La apertura era la nueva moralidad. La terapia era el nuevo camino a la felicidad. La cultura de la cancelación era la nueva disciplina de la Iglesia. Y al igual que en la DTM, no había, convenientemente, un Dios personal que exigiera algo en tu vida de manera significativa.

En esta DTM «progresista», la expresión de Elizabeth Gilbert es lo único que queda: «Dios habita en ti, como tú». No hay manera de distinguir entre nosotros y Dios. En este paradigma, somos Dios.

No estoy en contra de la apertura ni de la terapia. La injusticia sistémica es real, y necesitamos algunas de las conversaciones que la apertura nos ha traído. Estuve en terapia durante casi dos años mientras estaba en la universidad, y creo que puede beneficiar a muchos de nosotros. Pero al final, estas no sustituyen al amor eterno del Dios trino.

Mark Sayers describe la visión progresista del mundo como «el reino sin el Rey». Queremos todas las bendiciones de Dios sin someternos a Su amoroso gobierno y reinado. Queremos el progreso sin Su presencia. Queremos justicia sin Su justificación. Queremos las implicaciones horizontales del evangelio para la sociedad, sin la reconciliación vertical de los pecadores con Dios. Queremos que la sociedad se ajuste a nuestra norma de pureza moral, sin la norma de santidad personal de Dios.

VIAJE DE REGRESO A LA FE ORTODOXA

Después de las elecciones de 2016, me convencí de que era hora de empezar a reconstruir mi fe. Unos meses más tarde, dos cosas sucedieron simultáneamente: comencé la educación teológica formal y, en un trágico accidente, perdí al abuelo que me había criado. Esta muerte me sumió en otra temporada de intenso sufrimiento, pero esta vez en un entorno teológicamente riguroso.

Uno de mis profesores dijo: «Hacemos teología en la luz para poder pararnos sobre ella en la oscuridad». Yo hacía teología y me apoyaba en ella en la oscuridad. Por primera vez aprendí realmente las doctrinas de la Trinidad y de la Escritura como una historia unificada, y cómo leerla como literatura inspirada. Me enseñaron cómo las doctrinas que yo suponía contradictorias —como la sustitución penal y el *Christus Victor*— en realidad se necesitan mutuamente para formar un cuadro bíblico completo y hermoso. Aprendí sobre la unión con Cristo y todas las bendiciones que conlleva. Aprendí sobre las disciplinas espirituales y la libertad que da la vida que fluye de una búsqueda disciplinada de Dios. A partir de ahí, el amplio y rico mundo de la ortodoxia cristiana histórica se abrió para que yo lo explorara.

Necesitamos más teología, matices, gracia, compasión y comprensión en nuestras iglesias, no menos. Pero estas cosas son posibles gracias a la doctrina ortodoxa, no a pesar de ella. La duda y las preguntas no tienen por qué catalizar una oscilación del péndulo de la creencia a la incredulidad. Si se elaboran en una comunidad cristiana sana y reflexiva —y con una conexión permanente con Cristo, nuestra verdadera vid (Juan 15)— pueden en realidad profundizar la fe y fortalecer las raíces, produciendo una vida en la que demos fruto y resistamos los feroces vientos de una era secular.

Si estás leyendo esto, es posible que hayas comenzado el proceso de deconstrucción de una manera u otra. Tal vez sean preguntas sobre la ciencia o la confusión en torno al sufrimiento. Tal vez sea una serie de pasajes difíciles de la Biblia que no encajan con tu imagen de Dios. Tal vez sea la frustración con el *statu quo* político. Pero, por una u otra razón, estás desmontando las bases de una fe que antes dabas por sentada, pero que ahora te preguntas si hay algo de verdad en ella. Si te encuentras en esta situación, te comprendo. Y mientras comienzas este viaje de reexaminar tu fe, hay tres cosas que me gustaría que escucharas.

En primer lugar, me apena que no haya más lugares donde puedas sentirte seguro con tus dudas y preguntas. Tus dudas y preguntas merecen ser analizadas y tomadas en serio. Demasiadas iglesias han desestimado las preguntas razonables como una pendiente resbaladiza hacia el ateísmo. No puedo prometerte que tus preguntas serán respondidas con gracia y buena fe allí donde estás, y eso me entristece.

Sin embargo, no dejes que una experiencia en una iglesia —o incluso dos o tres— represente la totalidad de todas las iglesias. Aunque parezca que la gente que te rodea no puede soportar el peso de tus dudas y preguntas, hay muchas iglesias que te tratarán a ti, y a tus dudas, con la paciencia y el respeto intelectuales que mereces. Además, los santos a lo largo de la historia de la Iglesia pueden ayudar.

Y aún más, Dios puede hacerlo. No renuncies a la fe porque una iglesia te haya abandonado.

En segundo lugar, puede que pienses que quiero que dejes de deconstruir, que te des la vuelta y te quedes exactamente donde estás, pero eso sería un error. Sigue adelante. Es probable que algunas partes de tu fe necesiten ser deconstruidas. Tus preguntas legítimas deben ser abordadas. No tienen que ser pasos que se alejen de la fe, sino pasos hacia una fe más profunda y duradera. No te atrincheres en estas preguntas y esperes que desaparezcan. No te conformes con menos de lo bueno, verdadero y bello que se encuentra en Jesucristo.

En tu deconstrucción, es probable que encuentres enseñanzas sobre Dios que no has escuchado antes, que resuenan de una manera que no has sentido antes, y que prometen una «realidad suprema» proveniente de las páginas de un libro antiguo. Y aunque esa promesa suena bien, puedo decirte de primera mano que solo conduce a más confusión, agotamiento e incoherencias.

Yo sostendría que tu problema no es con Dios o con Jesús o incluso con la Biblia; es que nadie te ha mostrado las riquezas contenidas en Cristo ni las has extraído a través de un estudio cuidadoso de las Escrituras. Un maestro nunca entró en el almacén y sacó los tesoros antiguos y nuevos. En su lugar, te entregaron una teología de «créelo o déjalo» que dejaba poco espacio para el crecimiento y la gracia.

Hay más en Cristo de lo que parece. Él es como un tesoro escondido en un campo (Mat. 13:44-46). Un hombre encontró el tesoro y vendió todo lo que tenía para comprar el campo, solo para poder tener el tesoro.

Tú vas a tener que cavar, y quizás vender lo que tienes, para alcanzar el tesoro. Pero el tesoro es tan valioso que vale la pena.

En tercer lugar, al deconstruir, es probable que te encuentres con el mundo del misticismo. Te dirán que Dios es un vago misterio, que no es algo que podamos conocer de verdad. Oirás que, en lugar de intentar tener todas las respuestas correctas como esos acérrimos fundamentalistas, deberías abrazar el misterio y esforzarte por tocar lo divino.

No te creas esa falsa dicotomía. En la tradición histórica cristiana y en el testimonio bíblico hay espacio más que suficiente para el misterio de Dios. En esta vida, vemos a través de un cristal tenue (1 Cor. 13:12). Nunca tendremos todas las respuestas. Hay cosas en las que nos equivocaremos. Y, sin embargo, Dios nos seguirá amando aunque nos equivoquemos.

Pero no dejes que esta verdad te ciegue a otra verdad gloriosa: que este Dios misterioso y trascendente se ha dado a conocer. Su corazón siempre ha buscado —desde la primera página de la Biblia hasta la última— habitar con Su pueblo en un gozo sin fin. Aunque Dios está en lo alto y por encima de todas las cosas, también está íntimamente involucrado en nuestras vidas y en nuestro mundo. Y aunque nunca lo sabremos todo ni encontraremos respuestas a todas las preguntas, podemos conocerlo. No de una manera impersonal, del tipo «Dios está en todas las cosas, así que solo tienes que ser consciente de Él». Sino como amigo, consolador, compañero de trabajo, pastor e incluso Padre. Sí, Dios es un misterio. Pero también puede ser conocido. Se lo conoce en Jesús. Se lo conoce en las páginas de la Escritura. Y cuando lo buscamos con todo nuestro corazón, lo encontramos.

El camino de la fe de todos es sinuoso y complejo. Pero Dios es Dios, y traza un camino para que podamos encontrarlo, incluso cuando nos hemos alejado de lo que nos es familiar. En el mundo actual hay más caminos que nunca, más opciones para la «iluminación» espiritual o la fe personalizada. Pero ningún camino conduce a la verdadera felicidad y a la vida eterna, excepto el de «solo Jesús» (Juan 14:6), que es más estrecho de lo que nos gustaría (Mat. 7:13), pero más satisfactorio de lo que podemos imaginar (Sal. 16:11).

En mi camino descubrí, con Pedro, que «todas las cosas que pertenecen a la vida y a la piedad nos han sido dadas por su divino poder, mediante el conocimiento de aquel que nos llamó por su gloria y excelencia» (2 Ped. 1:3). En Cristo, tenemos todo lo que necesitamos. ¿Por qué dejar los límites de la fe «una vez dada a los santos» (Jud. 1:3) para encontrar la vida? Jesús tiene las palabras de vida. Él es la vida, la verdad y el camino. ¿Adónde iríamos si no es a Él?

3

LA DESCONVERSIÓN NO ES TAN CONTRACULTURAL COMO CREES

BRETT MCCRACKEN

En los últimos años, el «anuncio de desconversión en Instagram» se ha convertido en una moda. La fórmula es conocida: un exautor evangélico, pastor, estrella de la MCC o simplemente un veinteañero «criado en la iglesia» publica un autorretrato de aspecto pesado y solemne, pero libre. Tal vez se lo vea de espaldas, mirando a un hermoso lago o a una montaña. Tal vez seleccione cuidadosamente un *selfie* de «este soy yo, con todos mis defectos» con un estilo perfectamente imperfecto. El texto que acompaña a la publicación suele comenzar con alguna variación de: «Nunca pensé que diría esto» o «Es aterrador publicar esto», seguido de una larga narración que incluye alguna combinación de palabras como «evolución», «viaje», «miedo», «descubrimiento», «honestidad», «auténtico», «libre» y «esperanzador».

No pretendo restar importancia a la agonía sincera y a la legítima inquietud que acompaña a la decisión de una persona de hacer una desconversión oficial en Instagram. Solo señalo que esto se ha convertido en un género, un artefacto predecible, común y nada sorprendente de una época de «encontrarse a sí mismo».

Lejos de ser renegado, vanguardista y valiente, el anuncio de la desvinculación consciente de un individuo de la religión institucional no es más que seguir la corriente de una cultura que ha generalizado este comportamiento desde hace décadas. Más que ir a contracorriente de la cultura occidental, abandonar la doctrina recibida y la fe institucional en favor de una espiritualidad autoproclamada, que sigue a su corazón, es ir «a favor de la corriente». Declarar la propia autonomía espiritual, desligarse de las «restricciones» del cristianismo y de las ideas anticuadas sobre el pecado y la moral, es simplemente asentir con Oprah y su amplia tribu de madres de los suburbios. Rechazar a un Dios de limitaciones e ira, en favor de un Dios que solo quiere financiar tus sueños de «mejor vida» y promover el «amor» y las buenas vibras al estilo de John Lennon, es unirse a las filas de los chicos de fraternidad obsesionados con Joe Rogan, a los predicadores de la prosperidad «nómbralo y reclámalo» y a la gran mayoría de los autores más vendidos en «religión, espiritualidad y fe» de los últimos 20 años.

Así que antes de presentar los papeles de divorcio al cristianismo de tu juventud, debes saber que hacerlo no es en absoluto contracultural. Al igual que el divorcio matrimonial, es totalmente aceptable y común. Quiero sugerir que la opción mucho más radical —y verdaderamente contracultural— no es abandonar la fe cristiana porque es enloquecedora, difícil y no está en sintonía con el *zeitgeist* contemporáneo.

La opción radical es mantener la fe.

¿HAS PROBADO EL VERDADERO CRISTIANISMO?

Cuando digo que mantener la fe es radical, me refiero a la fe cristiana en el sentido verdadero y bíblico. No estoy hablando de un cristianismo cultural estadounidense en el que la alfabetización doctrinal es baja pero la preocupación por los derechos de las armas y el muro fronterizo es alta. Tampoco estoy hablando de un cristianismo progresista que invoca selectivamente las Escrituras para las campañas de justicia, pero ignora sus exigencias morales personales. «Deconstruir» formas cómodas de cristianismo es bueno. Mantener la fe de estas formas distorsionadas de cristianismo no es en absoluto radical.

Pero te animo a que, si estás considerando una ruptura con el cristianismo, te asegures de que has probado el verdadero cristianismo. Este cristianismo no se ajusta a tus políticas y preferencias, sino que te presiona constantemente en diferentes frentes, negándose a ser encajonado o manipulado en lo que tú quieres que sea. Este cristianismo no se limita a afirmarte tal y como eres, sino que te empuja implacablemente a parecerte más a Jesús.

Este cristianismo invita —en lugar de rehuir— a la lucha intelectual que se produce de forma natural cuando tratamos de envolver nuestras mentes en torno a un Dios infinito y trino cuya existencia y obra en el mundo siempre será un poco misteriosa. Muchos de los que deconstruyen su fe creen que el cristianismo es una religión para intelectuales simplones, en la que todo es explicable y todas las tensiones deben ser resueltas (por miedo a desacreditarlo todo). Si esa es tu experiencia del cristianismo, lo siento. Entiendo que quieras dejarlo atrás. Pero eso no es el verdadero cristianismo; es simplemente otra mutación de la fe, un intento de domesticar a Dios y meterlo con calzador en nuestros cómodos paradigmas. El verdadero cristianismo siempre desafía nuestros paradigmas y asalta nuestra comodidad. Es gratificante, pero también costoso.

Parte del precio que debemos pagar es el costo intelectual: la carga de las preguntas persistentes, las paradojas complicadas y la fe «en un espejo» (1 Cor. 13:12) sin pruebas empíricas. Pero eso es la verdadera fe. Requiere una humilde disposición a contentarse con no comprenderlo todo.

El difunto teólogo J. I. Packer lo expresó una vez de esta manera:

> No se trata de dejar de creer porque nos falte entendimiento, ni de posponer el creer hasta que podamos obtenerlo, sino de creer para poder entender; como dijo Agustín, «si no crees, no entenderás». La fe primero y la vista después es el orden de Dios, y no a la inversa; y la prueba de la sinceridad de nuestra fe es nuestra voluntad de que así sea.[1]

Si esto es lo que requiere la fe cristiana —la voluntad de tener «primero la fe y después la vista»—, entonces yo sugeriría que seguir creyendo en esta fe es una opción más valiente y costosa que abandonarla porque no se pueden comprender del todo sus componentes más espinosos.

LA COMODIDAD (Y SOLEDAD) BURGUESA DE LA ESPIRITUALIDAD A LA MEDIDA

Lo más probable es que, si estás pensando en deconstruir la religión institucional, no te pases inmediatamente al ateísmo total. En su lugar, es probable que estés pensando en forjar una espiritualidad más intuitiva y a la medida, que tal vez conserve algunos aspectos del cristianismo, pero que sea más fluida, incorporando fragmentos de otras filosofías, rituales y espiritualidades según tu estado de ánimo y tus necesidades. Esto es lo que relata la columnista de religión Tara Isabella Burton en *Strange Rites: New Religions for a Godless World* [Ritos extraños: Nuevas religiones para un mundo sin Dios]:

> Una religión de la intuición emotiva, de la experiencia estetizada y mercantilizada, de la autocreación y la superación personal y, sí, de las *selfies* [...]. Una religión desvinculada de las instituciones, de los credos, de las afirmaciones metafísicas sobre Dios, el universo o la forma en que son las cosas, pero que aún busca —de diversas maneras— proporcionarnos los

---

1.   J. I. Packer, *«Fundamentalism» and the Word of God*, (Grand Rapids, MI: Eerdmans, 1958), 109.

pilares de lo que la religión siempre ha tenido: significado, propósito, comunidad, ritual.[2]

Esta religión «mixta» puede incluir algunas partes de la religión tradicional (día de reposo, villancicos, velas de oración católicas), una mezcla de prácticas de «bienestar» (yoga, meditación, ciclismo), una pizca de magia de la Nueva Era (quema de salvia, cartas del Tarot, astrología) y un fervor profundamente moral por la justicia social o los derechos LGBT+.

Aunque este tipo de espiritualidad mixta y a la medida pueda parecer radical, en realidad no es más que una iteración burguesa del consumismo dominante. Al capitalismo le encanta, porque significa más productos y experiencias que vender a consumidores cada vez más hambrientos que buscan un significado fuera de los muros de las instituciones religiosas. Pero lejos de ser una protesta contracultural, elegir este tipo de religión de construcción propia es simplemente alinearse con el lema «a tu manera» de Burger King. En nuestro mundo intensamente consumista, la persona que se resiste a la tentación de crear una espiritualidad a la medida —y, en cambio, se adhiere a una tradición religiosa coherente y establecida, incluso cuando no se ajusta a las preferencias personales— es realmente radical.

También cabe señalar que la espiritualidad a la medida es algo que normalmente solo eligen los privilegiados, aquellos que tienen la comodidad, los medios y el estatus social adecuados para una aventura (a menudo bastante cara) de espiritualidad a la carta. Los privilegiados pueden desprenderse de las instituciones y seguir su camino intuitivo sin preocuparse por los posibles peligros de una espiritualidad «a la carta». Las personas menos privilegiadas reconocen la necesidad —no solo para sobrevivir, sino para prosperar— de integrarse en los tejidos sociales, las instituciones y las tradiciones. No es de extrañar que el ateísmo y el agnosticismo sean poco comunes entre las clases con menos ingresos y en los países en desarrollo. Hay que llevar una vida bastante cómoda para ser un «no» religioso.

2.   Tara Isabella Burton, *Strange Rites: New Religions for a Godless World*, (Nueva York: Hachette, 2020), 2–3.

Abandonar la religión en favor de una espiritualidad a la medida (o ninguna espiritualidad) es, por tanto, una opción burguesa totalmente acorde con el consumismo cómodo. No solo no te convierte en un renegado, sino que además te hace sentirte solo. Porque cuando abandonas el cristianismo, no te abres a una nueva y más amplia libertad. Todo lo contrario. Estás reduciendo tu libertad y tus horizontes de posibilidades a los confines de una persona: tú. Aunque suena muy bien —y, de nuevo, es totalmente el camino de nuestro mundo consumista—, esta espiritualidad impulsada por el yo acaba siendo claustrofóbica y solitaria. Al liberarte de las restricciones de la comunidad, de las exigencias de la autoridad externa y de la responsabilidad de la formación institucional, al principio puede parecer que estás eligiendo una libertad idílica y sin obstáculos. Pero la libertad no es la ausencia de restricciones. Jesús no dijo «la autonomía total e ilimitada los hará libres». Dijo que la verdad nos hará libres (Juan 8:32). No *tu* verdad; *la* verdad, en un sentido de verdad para todos. Y ese tipo de verdad liberadora no se encuentra fácilmente mirando hacia dentro, confiando en tu instinto, y transitando solo.

EL COSTO RADICAL DEL VERDADERO CRISTIANISMO

En una cultura postcristiana y rápidamente secularizada, deconstruir no es un acto radical. Es algo normal que hace cada vez más gente. Y tiene sentido. El cristianismo histórico es algo cada vez más extraño, cada vez más marginal, cada vez más inoportuno en el mundo actual. Considera todas las formas en que subvierte las normas actuales de la cultura occidental:

- En un mundo de «cree en ti mismo», el cristianismo te llama a negarte a ti mismo (Mat. 16:24) y a tomar tu cruz (Luc. 14:27).
- En un mundo de «tú te haces a ti mismo» que enfatiza el individualismo expresivo, la autenticidad y el inconformismo, el cristianismo trata de conformarse a la semejanza de Jesús (Rom. 8:29) y ser imitadores de Dios (Ef. 5:1).

- En una cultura consumista y codiciosa, el cristianismo te llama a la generosidad costosa (Luc. 21:1-4) y a la disposición a renunciar a las posesiones materiales (Mat. 19:21; Luc. 14:33).
- En un mundo orientado a la autopromoción, la autoayuda y las *selfies*, el cristianismo te llama a ser un servidor enfocado en los demás (Mat. 20:26-28; Gál. 6:2; Fil. 2:3-4).
- En un mundo que dice que debes ser libre de hacer con tu cuerpo lo que quieras, el cristianismo dice que debes glorificar a Dios con tu cuerpo (1 Cor. 6:20).
- En una cultura sexualmente progresista que permite prácticamente cualquier cosa en el dormitorio, siempre que sea consentida, el cristianismo dice que el sexo está destinado a la unión pactada de un hombre y una mujer (Gén. 2:24; Mat. 19:3-6; 1 Cor. 7:2).
- En un mundo que privilegia el poder, el «triunfar» y el éxito de la «mejor vida», el cristianismo te llama a valorar la debilidad (2 Cor. 12:9-10).
- En un mundo partidista en el que pensar lo peor de tus enemigos y tratar de «poseerlos» en las redes sociales es una forma de vida, el cristianismo te llama al desafío radical de amarlos (Mat. 5:44).
- En un mundo que ha normalizado la eliminación de los no nacidos y la deshumanización de los demás mediante el racismo, el sexismo y la xenofobia, el cristianismo insiste en que todos los seres humanos son portadores de la imagen de Dios (Gén. 1:27) y merecen dignidad y protección.
- En un mundo plagado de división y fragmentación tribal, en el que es más fácil que nunca separarse de alguien que difiere de ti, el cristianismo te llama a reconciliarte (Ef. 2:11-22).
- En un mundo pluralista con diversidad de creencias —en el que «todos los caminos llevan al cielo» es un pensamiento reconfortante— el cristianismo te llama a creer que solo hay un camino al cielo: confiar en Jesucristo (Juan 14:6).
- En un mundo impregnado de racionalismo científico, el cristianismo exige creer en lo sobrenatural (que una virgen conciba un niño, que los cuerpos resuciten de entre los muertos, que la gente se cure milagrosamente, entre muchos otros ejemplos).

Nada de esto es fácil de practicar o creer. Y la lista podría ser mucho más larga. No hay nada cómodo en seguir verdaderamente a Jesús. Aquellos que dicen lo contrario —o cuya versión del cristianismo se adapta convenientemente a su comodidad personal (ya sea política, preferencias musicales o inclinaciones sexuales)— se engañan a sí mismos y dañan la causa de Cristo.

La realidad es que aceptar el precio del verdadero cristianismo, creer todo lo que afirma, ir a contracorriente de la cultura de forma tan dramática, es increíblemente difícil y un poco raro. Si los cristianos son tachados de «raros» por lo que creen y practican en el mundo actual, es por una buena razón. No debería sorprendernos que pocos sigan este estrecho camino (Mat. 7:13-14). No debería sorprendernos que los anuncios de desconversión en Instagram sean comunes.

¿Realmente quieres ser contracultural? Entonces no abandones el cristianismo. Quédate en él.

4

NO DECONSTRUYAS, DESCULTURALIZA

HUNTER BEAUMONT

¿Y si el cristianismo no fuera sinónimo de la iglesia de tu infancia? ¿Y si pudieras volver a la fe, y descubrir al Jesús actual, pero no fuera como volver a lo que dejaste?

En mis años como pastor, he hecho estas preguntas a muchas personas. Las historias que las provocan tienen un marco común: «Crecí dentro de la iglesia, pero ahora he llegado a un punto en el que mi fe no me satisface». Por lo general, esta afirmación coincide con cambios significativos en la vida: dejar la casa, ir a la universidad, salir con alguien, casarse, no casarse, mudarse a nuestra soleada y progresista ciudad. La mayoría de mis interlocutores tienen preguntas o preocupaciones que su «educación cristiana» apenas parece atender. También tienen nuevos amigos que llevan una vida plena sin religión. Una mañana de domingo con huevos benedictinos, bebidas y un almuerzo para conversar es una liturgia más vigorizante que los cantos y los sermones.

Si te has enfrentado a este dilema, puede que supongas que solo hay dos opciones: reprimir tus recelos y seguir avanzando, o deconstruir tu fe dudando de todo. Quiero ayudarte a liberarte de este binomio.

EVANGELIO DESCULTURALIZADO

¿Existe realmente una forma de volver al cristianismo sin volver a lo que se dejó? ¿Podría incluso dar lugar a una fe más densa?

Sí.

Podemos aprender una lección, en realidad, de los misioneros. Ellos traducen el evangelio de Jesús de una cultura a otra. Como un núcleo protegido por una cáscara exterior, el evangelio (núcleo) siempre está encerrado en una cultura (cáscara). El trabajo del misionero es asegurar que el núcleo del evangelio sea libre para entrar en nuevas culturas sin ser cautivo de su vieja cáscara. Este proceso se llama «desculturalización», y puede ayudarte a descubrir una fe que contiene toda la riqueza del cristianismo original sin la cáscara seca de tu antigua subcultura religiosa.[1]

Yo experimenté esto mucho antes de conocer la palabra «desculturalización». Cuando estaba en la escuela, mi familia se mudó a una nueva ciudad y mis padres me inscribieron en un colegio privado. Querían prepararme para la universidad, y el colegio tenía fama de ser riguroso desde el punto de vista académico. También era una «escuela cristiana», fundada por una gran iglesia evangélica. Hasta ese momento, nunca había estado dentro de algo llamado evangélico. Éramos metodistas de tendencia liberal. Lo único que sabía de los

---

1. Para un análisis profundo, ver *«Secondary Elements of Renewal»* en Richard Lovelace, *Dynamics of Spiritual Life: An Evangelical Theology of Renewal*, edición expandida, (Downers Grove, IL: IVP Academic, 2020), 145–200, y *«Translation in Mission»* en Darrell L. Guder, *The Continuing Conversion of the Church, Gospel and Our Culture*, (Grand Rapids, MI: Wm. B. Eerdmans, 2000), 73–96.

evangélicos era que una vez un grupo de jóvenes bautistas había intentado engañarme para que me «salvara» ofreciéndome pizza y acceso a personas conocidas. Reconocí la trampa y mantuve mi distancia.

Dentro de esta escuela, ya no podía mantener la distancia. Y para mi sorpresa, estos evangélicos no me molestaban. Su fe era viva y activa. En mis iglesias metodistas, nos presentábamos cada semana, decíamos el credo, escuchábamos un aburrido sermón de un predicador que no parecía creer en el credo, y nos íbamos a casa sin pensarlo dos veces. Estos evangélicos, en cambio, estudiaban su fe y la vivían.

También tenían meticulosamente claro lo que llamaban «el evangelio». Bajo sus enseñanzas, aprendí sus principios, y me sorprendió descubrir que Dios no justifica a la «gente buena», sino a la gente pecadora que confía en Jesús. Esto no es el cristianismo, pensé, pero los profesores me lo mostraron pacientemente en la Biblia. Aceptar todo esto pareció despertar algo nuevo dentro de mí.

Había otros aspectos de este mundo evangélico que me resultaban divertidos y poco convincentes. Tenían su propia música pop, y no era tan buena como la verdadera. Había un salón donde homenajeaban a quienes ellos consideraban celebridades. Algún atleta, músico, predicador o tenaz evangélico venía a menudo a presentarse en nuestro servicio de capilla. Estaban enamorados de los republicanos. Su feria universitaria estaba llena de escuelas que no pertenecían a la Conferencia del Sureste, como el Wheaton College y el Gordon College, de las que yo nunca había oído hablar. A mi novia no se le permitía ver películas PG-13 a pesar de que teníamos 17 años. Luego estaban las espeluznantes charlas sobre los peligros del sexo y las enfermedades de transmisión sexual, parte de una tendencia a enseñar «valores cristianos» utilizando el miedo.

Como todavía percibía todo a través de los ojos de un extraño, me guardé mis preocupaciones. Me encantaba el evangelio, aunque las demás cosas eran raras, así que clasifiqué este nuevo mundo en dos contenedores, uno para «conservar» y otro para «ignorar». Pero también me di cuenta de que para la mayoría de los evangélicos no había distinción. Era un paquete único, presentado como «cristianismo auténtico».

En los años posteriores a la escuela secundaria, muchos de mis amigos que se habían criado en ese mundo comenzaron a cuestionar o a alejarse de la fe. Había dos temas comunes.

En primer lugar, experimentaron el choque cultural inverso al salir de la burbuja evangélica que yo había experimentado al entrar en ella. Al haber vivido toda su vida dentro de ella, habían oído hablar del mundo exterior a través de caricaturas, pero tenían un escaso conocimiento personal de él. Cuando finalmente salieron de la burbuja, conocieron a gente buena e interesante que no compartía su fe. Descubrieron que la vida en el exterior es divertida, no la pesadilla que les habían enseñado a esperar. Desarrollaron nuevas preguntas, pero sus iglesias evangélicas solo ofrecían respuestas simples. De hecho, el evangelio había sido enseñado en términos tan sutiles que no se dieron cuenta de que era más profundo, capaz de manejar preguntas difíciles.

En segundo lugar, no tenían forma de diferenciar qué partes conservar y cuáles dejar de lado. Por ejemplo, no sabían que tenían permiso para conservar el evangelio mientras replanteaban su política. Tampoco podían ver la diferencia entre la ética sexual cristiana y las técnicas de culpabilidad utilizadas para enseñarla a los adolescentes. Todo era un paquete, y dudar de cualquier parte del paquete era dudar de todo.

Me gustaría poder darles mis contenedores.

Una década más tarde estaba en la escuela de posgrado, tomando una clase sobre misiones. Aprendí que los misioneros llevan el evangelio de una cultura a otra. Para hacerlo bien, tienen que diferenciarlo de su cultura de origen. Este proceso les permite dar a la gente el evangelio sin entregarles también un contenedor lleno de elefantes blancos. Ciertos artefactos culturales pueden ser confusos e incluso ofensivos, una barrera para el evangelio para las personas de otra cultura. *¡Mis amigos necesitan lo mismo!*, pensé. La subcultura evangélica se había convertido en una barrera para el evangelio. Necesitaban una fe desculturalizada tanto como un grupo de personas no alcanzadas.

LA DESCULTURALIZACIÓN EN LAS ESCRITURAS

Resulta que la desculturalización no solo es útil, sino que es bíblica, un hábito saludable del cristianismo vital. La irrupción del evangelio en la cultura judía es una de las líneas argumentales centrales de los Hechos. Cuando surgió una iglesia culturalmente versátil en Antioquía, el Espíritu utilizó a dos líderes judíos de esta iglesia para encender la misión a los gentiles (Hech. 11-14). Pablo y Bernabé condujeron a muchos gentiles a la fe y los capacitaron para seguir a Jesús en su cultura. Muchos otros creyentes judíos estaban confundidos, ya que suponían que cualquiera que compartiera su evangelio también se convertiría a su cultura y obedecería todas las leyes dietéticas y ceremoniales del antiguo pacto. Pero en el Concilio de Jerusalén, Dios llevó a los apóstoles y a los ancianos a diferenciar el evangelio esencial de las costumbres judías (Hech. 15).[2]

El crecimiento del movimiento de Jesús a partir de entonces muestra el poder del evangelio cuando se libera de su cáscara. En una de sus cartas, Pablo describe la flexibilidad cultural que impulsó su misión:

> Me he hecho a los judíos como judío, para ganar a los judíos; a los que están sujetos a la ley (aunque yo no esté sujeto a la ley) como sujeto a la ley, para ganar a los que están sujetos a la ley; a los que están sin ley, como si yo estuviera sin ley (no estando yo sin ley de Dios, sino bajo la ley de Cristo), para ganar a los que están sin ley. Me he hecho débil a los débiles, para ganar a los débiles; a todos me he hecho de todo, para que de todos modos salve a algunos. Y esto hago por causa del evangelio, para hacerme copartícipe de él (1 Cor. 9:20-23).

Por otros escritos de Pablo, sabemos que veía el evangelio como un mensaje de reconciliación con Dios a través del arrepentimiento y la fe en Jesús. Insistió en que no se añadieran otros requisitos a

---

2.   En el capítulo «Elementos secundarios de la renovación» en *Dynamics of Spiritual Life*, Lovelace realiza un amplio análisis de la desculturalización en los inicios del cristianismo, comenzando por Antioquía y continuando con el ministerio de Pablo.

este mensaje. Esta claridad sobre lo que es y no es el evangelio le permitió adoptar las costumbres de varias culturas, siempre y cuando el evangelio se mantuviera distinto. Podemos resumir la mentalidad de Pablo así: «Es posible creer en el evangelio, pero no vivir según la cultura judía en la que me crie. Mi evangelio puede vivirse en muchas culturas diferentes».

Así que aférrate al evangelio, pero deja ir la subcultura religiosa. Estás en un terreno sólido y bíblico para hacerlo. Puede que no sea fácil. Pablo estaba bajo constante presión para reencantarse con el judaísmo. Pero podría revigorizar su fe.

CÓMO EMPEZAR

He aquí algunas ideas para iniciarse en este viaje.

1. APRENDE A OBSERVAR LA CULTURA

Como un pez en el agua que no se siente mojado, a menudo no reconocemos nuestra cultura, las lenguas y las historias que explican nuestro mundo. Las culturas fomentan los hábitos que componen la buena vida y los mecanismos de defensa que desvían las preguntas de los foráneos. Enaltecen a las celebridades que ejemplifican sus ideales. Luego, una vez hecho todo esto, las culturas hacen un movimiento furtivo: fingen que no existen. Se presentan a sí mismas como «las cosas como son». Pero la cultura siempre está presente, y siempre juega un papel en nuestra experiencia de fe.

Esto significa que el primer paso es aprender a ver la cultura y su poder. Mis amigos que crecieron dentro de la subcultura evangélica no empezaron a dudar del cristianismo hasta que lo abandonaron. ¿Coincidencia? Probablemente no. La subcultura había apuntalado su fe.

Pero esto también significa que la cultura contribuyó a sus nuevas preguntas. Lo que muchos llaman «duda» es en realidad un cambio cultural que desplaza las antiguas estructuras de verosimilitud. Lo que muchos llaman «deconstruir mi fe» es en realidad un cambio de

ubicación cultural que hace que me replantee las viejas suposiciones.
Cuando aprendes a ver el poder de la cultura, ves lo que realmente
ocurre: Aprendiste el cristianismo en una cultura. Ahora te has tras-
ladado a una nueva cultura. El primer paso, entonces, es reconocer
esto como lo que es: tensión causada por un cambio de cultura y no
necesariamente por el cristianismo.[3]

2. LUCHA POR LAS CAUSAS CORRECTAS

La duda puede desorientar. La desculturalización no puede salvarte
de esta lucha, pero puede centrarla en los lugares adecuados. Al diferenciar el núcleo del evangelio de la cáscara cultural, dice: «Lucha por
las causas centrales».

Cuando dejé mi escuela cristiana, comencé a luchar con el juicio
de Dios. Me habían enseñado la santidad de Dios y la pecaminosidad de todas las personas, pero hacerme amigo de los no cristianos reflexivos fue una experiencia sorprendente. No me parecían tan
malos, pero la doctrina del juicio de repente sí.

Reflexionando sobre esto, vi que parte de aquello con lo que
estaba luchando era bíblico y otra parte era meramente cultural. Bíbli-
camente, el Nuevo Testamento enseña que el Señor juzgará a los
vivos y a los muertos por medio de un hombre que Él ha designado
(Hech. 17:31; Rom. 2:5-16). Jesús utilizó imágenes como el «lago de
fuego», el «lloro y el crujir de dientes» y las «tinieblas de afuera» para
describir la situación fuera de Su reino (Mat. 5:22; 8:12; 22:13). No
había forma de evitar este telón de fondo del evangelio.

Sin embargo, parte de mi repulsión se debía a la forma en que
se había enseñado el juicio dentro de la subcultura evangélica. Los

---

3.   También es posible experimentar un cambio cultural sin moverse de un lugar a otro, dado el
      auge de los medios de comunicación y la conectividad. Los sociólogos Peter Berger, Brigitte
      Berger y Hansfried Kellner han examinado el modo en que la tecnología afecta a la formación
      de creencias. Lo llaman «la urbanización de la conciencia», es decir, que la persona moderna
      que vive en cualquier lugar experimenta lo mismo que los pueblos antiguos solo en las ciudades:
      una colisión de estilos de vida, pretensiones de verdad y sistemas de creencias. Peter Berger,
      Brigitte Berger y Hansfried Kellner, *The Homeless Mind: Modernization and Consciousness*
      (Nueva York: Vintage, 1973).

sermones se centraban más en escapar del infierno que en conocer a Dios. El pecado se representaba de forma grotesca y caricaturesca. El aliento del predicador olía a desprecio.

Durante varios años, traté de reaprender lo que decía la Biblia (núcleo) mientras sintonizaba las voces de los predicadores en mi cabeza (cáscara). También busqué maestros que explicaran el juicio de una manera que no esquivara la Biblia, pero que tampoco sonara como el de esos evangelistas. Poco a poco esto me llevó a algunos descubrimientos sorprendentes. Vi cómo el juicio hablaba de mi profundo anhelo de vivir en un mundo de justicia en el que Dios hiciera todas las cosas bien. Pude ver esto por primera vez porque volví a aprender esta doctrina fuera de la subcultura evangélica de una manera que abordaba mis preguntas y preocupaciones dentro de ella.

3. PARTICIPA EN UNA IGLESIA QUE INVOLUCRE EL EVANGELIO Y LA CULTURA

La desculturalización nos muestra que es posible diferenciar el evangelio de la cultura, pero no significa que el evangelio pueda experimentarse sin ninguna cultura. El objetivo de liberar el evangelio de una cultura es que pueda echar raíces en otra. Esto significa que tu tarea no es encontrar una expresión del cristianismo libre de cultura. Más bien, es aprender y vivir tu fe en tu cultura actual.

En la práctica, ¿cómo se hace eso? Las iglesias locales encarnan el evangelio en una cultura concreta. Una vez que has aprendido a ver la cultura, no puedes dejar de notar que cada iglesia local tiene la suya propia. Las mejores son conscientes de sí mismas. Dejan que el evangelio dé forma a la cultura dentro de la iglesia. Enseñan el evangelio de forma que conecte con la cultura de fuera de la iglesia. Discipulan a sus miembros para que vivan en esa cultura circundante de una manera distintiva de Cristo.

Busca una de estas iglesias y participa en ella. Una iglesia que ama el evangelio y la cultura que la rodea se alegra de recibir a personas que luchan con preguntas difíciles sobre el cristianismo.

Lo notarás en las posturas, lo oirás en los sermones y lo sentirás en los líderes.

4. ESPERA VER EL EVANGELIO DE UNA FORMA REFRESCANTE

Cuando el evangelio se libera de su cáscara cultural y se lleva a una nueva cultura, a menudo brilla de manera fresca y hermosa.

Uno de mis ejemplos favoritos es un conocido sermón de Matt Chandler. Chandler, un pastor de Texas, describe un evento juvenil de los años 90 sobre la abstinencia sexual. El predicador pasa una rosa por el público hasta que vuelve destrozada, una analogía de lo que les ocurrirá a los que se acuestan con otros. «¿Quién querría esta rosa?», se burla. El remate de Chandler: «¡Jesús quiere la rosa! Ese es el objetivo del evangelio».

¿Por qué es tan poderoso imaginar esto? Porque muchos de los miembros de la audiencia de Chandler crecieron en el movimiento evangélico de la pureza. No solo se les enseñó una ética sexual bíblica; se les enseñó dentro de un entorno que se basaba en el miedo, la presión, la vergüenza y la fuerza de voluntad. Dentro de este mundo, la ética sexual cristiana sonaba como una mala noticia abrumadora. Peor aún, muchos de los que pecaban sexualmente comenzaron a sentirse desesperados, ya que la cultura de la pureza tendía a oscurecer la gracia de Dios.

¿Cómo sabía Chandler todo esto? Había salido de su subcultura. Comenzó la historia hablando de una madre soltera que tenía una relación extramatrimonial. Chandler se había hecho amigo de ella y la había invitado al evento de esa noche, sin saber que sería un sermón sobre sexo. En cuanto empezó la predicación, supo que avergonzaría a su amiga y la alejaría de Dios. Muchos de los que escuchaban el sermón de Chandler habían experimentado lo mismo. Pero cuando Chandler gritó: «¡Jesús quiere la rosa!», puso la cultura de la pureza en el cesto de los «ignorados», y el evangelio se liberó para brillar en toda su belleza.

Sé que los mismos beneficios de la desculturalización están disponibles para ti. No deconstruyas tu fe; en lugar de eso, desculturalízate.

SEGUNDA PARTE

DECONSTRUIR LOS PROBLEMAS

5

SEXO: TRANSMITIR UNA MEJOR HISTORIA

RACHEL GILSON

Cuando cumplí 18 años, era una atea con novia, preparándome para ir a la universidad de Yale. Estaba muy emocionada por entrar en el mundo real, lejos de mi pequeña ciudad donde nunca me había sentido verdaderamente en casa. Mi familia nunca había asistido a la iglesia, a pesar de que era la norma donde crecí. La mayor parte de mi comprensión del cristianismo, entonces, provenía del exterior. Mi visión del cristianismo —de Jesús— era como un globo de dibujos animados, unas simples líneas brillantes con solo aire en su interior. Una distracción para los niños, por no decir que era peligroso.

Ese globo estalló durante mi primer año. Mientras sentía el dolor de mi relación fallida y la inseguridad de mis brillantes compañeros de clase, cierta conferencia me impulsó a empezar a buscar a Dios en secreto a través de Google. Tras robar y leer un ejemplar de *Mero cristianismo*, reconocí que Jesús era mi única esperanza de vida. Me arrepentí de mi pecado y creí. Llevo más de 17 años siguiendo a Cristo, fracasando y triunfando, aprendiendo y desaprendiendo. Y como discípula atraída por el mismo sexo, he pasado mucho tiempo pensando en la Biblia, la sexualidad y las cuestiones LGBT+, porque esa ha sido mi vida.

Todos llegamos a estas conversaciones con historias diferentes. Tal vez, como yo, tú también experimentas atracción por el mismo sexo, pero has crecido en la iglesia y eso ha influido mucho en tu comprensión y experiencia de la sexualidad. Tal vez todavía tengas preguntas y hayas escuchado respuestas contradictorias. Tal vez has sentido la necesidad de ocultar lo que sientes, o has experimentado el maltrato de otros que siguen a Cristo.

O tal vez solo tengas ojos para el sexo opuesto, pero algo no te ha parecido del todo bien en la forma en que los cristianos han hablado de los gays y las lesbianas. ¿Es así como respondería Jesús? Quizás tengas amigos que se identifican como gays, o un hermano o primo que ha salido del clóset. Te han educado con la idea de que las relaciones homosexuales están mal, pero has empezado a preguntarte si lo que te han dicho resiste el escrutinio. ¿Y qué dice realmente la Biblia?

Tal vez observes cómo han respondido las iglesias a los temas LGBT+ y te sientas desilusionado, preguntándote si puedes confiar en todo lo que has escuchado hasta ahora. Y tal vez hay algunas cosas que has escuchado que deben desaparecer. Tal vez todos nosotros tengamos globos que necesitan ser reventados.

En estas pocas páginas, quiero sugerir que Jesús nos ha dado en Su Palabra todo lo que necesitamos para discernir el oro de la pirita. Si nos acercamos más a Dios y a lo que enseña, seremos capaces de derribar varios falsos cuentos eclesiásticos sobre la atracción por el mismo sexo y la sexualidad en general que nunca vinieron de Él en primer lugar. Mi esperanza es que, al otro lado, sin importar nuestros patrones de atracción, seremos más fuertes en Jesucristo. El mismo amor humilde y veraz que fluye de Él en los Evangelios fluye de Él todavía hoy.

FALACIA 1: SOMOS NOSOTROS VS. ELLOS

A veces, la forma en que se discute la sexualidad hace parecer que las personas atraídas por el mismo sexo solo están fuera de la iglesia. Algunas de estas discusiones provienen de un buen lugar. Hay cristianos que anhelan ver el evangelio hacer una buena obra, y quieren saber cómo podría ser llegar a las personas LGBT+. Puede ser tan fácil hablar de un «ellos» que viven fuera de la iglesia que algunos cristianos olvidan, o no reconocen, que parte de «nosotros» también experimentamos atracción por el mismo sexo.

Pero también hay un lado más oscuro. Algunas personas que crecieron en las iglesias escucharon, explícita e implícitamente, un mensaje diferente: que la atracción por el mismo sexo es una elección, y que la gente solo hace esa elección si odia a Dios. Por lo tanto, esta experiencia solo existe fuera de la iglesia.

Algunas personas dicen saber, al menos parcialmente, por qué experimentan atracción por el mismo sexo. Sin embargo, para muchos de nosotros, nuestra atracción por el mismo sexo surgió de forma espontánea, tan recurrente como la atracción por el sexo opuesto para nuestros compañeros, e igual de duradera. En cualquier caso, pocos describirían su atracción por el mismo sexo como una elección.

Muchos niños que han pasado por la educación cristiana, que han estado en nuestros grupos de jóvenes —o incluso han vivido en el extranjero, haciendo trabajo misionero con sus familias— se han dado cuenta de que sienten algo diferente a lo que sienten sus compañeros. Pero en lugar de ser el lugar más seguro para entender la sexualidad, las iglesias se han sentido a menudo como campos de minas. Un paso en falso, una pequeña desviación, y se acabó.

No tiene por qué ser así. En la Biblia, tenemos las buenas noticias de Dios sobre Jesucristo, y sus buenas noticias sobre nuestros cuerpos. ¿Qué pasaría si nos convirtiéramos en iglesias en las que los jóvenes pudieran crecer para entender por qué Dios nos hizo seres sexuales, y lo que significa decir sí a su belleza? ¿Y si en lugar de paralizarnos por la idea de que alguien pueda descubrir nuestras tentaciones, pudiéramos encontrar fuerza en la comunidad de Dios para construir músculos de fe, no de miedo?

No llegaremos allí si mantenemos la falacia de que la atracción por el mismo sexo es solo una experiencia fuera de la iglesia. Esa narrativa, junto con la intimidación y otras cosas peores dentro de la comunidad de fe, ha hecho que la gente piense que, si sigue sintiendo esos deseos, tiene que irse. Los empujamos al mundo, que solo puede aconsejar que para ser su verdadero yo, deben obedecer a sus deseos.

Pero nuestros deseos no son nuestros dueños; Jesús lo es.

FALACIA 2: EL MATRIMONIO ES NUESTRA RECOMPENSA

Aunque a menudo se atribuye solo a la cultura, el mensaje de que no somos seres humanos plenos o completos a menos que tengamos una pareja romántica también se extiende en la iglesia. Y en la iglesia, eso significa específicamente el matrimonio.

Los cristianos celebran con razón el matrimonio. Dios creó el matrimonio como símbolo de cómo Él ama a la Iglesia. Se supone que el matrimonio humano es fiel para toda la vida, porque Dios siempre es fiel a Su pueblo, como nosotros debemos serlo a Él. El matrimonio humano se supone que es el comienzo de un nuevo hogar, porque la relación de Dios con Su pueblo comienza una nueva familia. El matrimonio humano es el único lugar para la intimidad y el placer sexual, porque la relación de Dios con Su pueblo es increíblemente íntima y profundamente placentera. Y, si tenemos oídos para oír, el matrimonio humano solo debe ser una unión hombre-mujer, porque el evangelio es la imagen de dos partes no intercambiables y diferentes, hechas una por la obra de Jesucristo. Los maridos representan a Cristo, y las esposas a Su Iglesia (Ef. 5:22-33).

Un tema muy interesante, ¿no? También es hermoso. Hacemos bien en celebrar que Dios nos ha dado este buen regalo. Pero a menudo olvidamos dos cosas.

En primer lugar, el matrimonio humano no está prometido a ninguno de nosotros. No es la insignia de mérito que se gana por ser un buen chico o chica, o la piedra angular de una adolescencia fiel. Cuando decimos o insinuamos que lo es, hacemos que Dios parezca un mentiroso cuando no proporciona a Sus hijos cónyuges. Y tergiversamos la Biblia, que especialmente en el nuevo pacto presenta la soltería como una vida de dignidad, honor y santidad (1 Cor. 7:6-7, 32-35).

Esta falsa promesa perjudica a toda la comunidad y a los creyentes atraídos por los de su mismo sexo de manera particular. Algunos intentan obligarnos a ser heterosexuales o a casarnos, lo que ha perjudicado a muchos. Aunque Dios a veces cambia los patrones de atracción de las personas, incluso eso no significa que prometa el matrimonio.

Otras personas suponen que «Dios quiere que seamos felices», y como no solemos experimentar un cambio en nuestros deseos, entonces la Biblia debe enseñar realmente que Dios bendice el matrimonio entre personas del mismo sexo. Después de todo, si el matrimonio es el premio, y si Dios no es malo, entonces no nos lo negaría. Las mismas personas que deberían apoyarnos en la costosa obediencia en realidad socavan nuestra fidelidad. En segundo lugar, el matrimonio es solo una señal que apunta a la realidad. Cuando Cristo venga, celebrará Su boda con una novia finalmente perfecta, la Iglesia. Ya sea que en la vida hayamos estado casados, solteros, viudos o abandonados por nuestro cónyuge, si estamos en Cristo, todos experimentaremos ese matrimonio perfecto, para siempre. Somos la esposa de Cristo, y es una recompensa: ¡no por nuestra fidelidad, sino por la suya!

La Biblia muestra que los matrimonios pueden glorificar a Cristo, y la soltería puede glorificar a Cristo. Ambos son desafiantes y dignos. Ambos pueden proclamar un gozo venidero, del que solo alcanzamos a oír el eco en una boda terrenal.

FALACIA 3: EL DESEO SEXUAL ES UN PROBLEMA

Parte de la razón por la que no hemos sabido celebrar la soltería es que no hemos sabido qué hacer con el deseo sexual. El matrimonio ha sido a menudo la única «solución» que han ofrecido las iglesias, a menudo interpretando sutil o directamente la sexualidad como un problema.

Si el deseo sexual es un problema, la soltería se convierte en una trampa a la que hay que sobrevivir, con amenazas por todos lados. En algunos lugares donde prospera la «cultura de la pureza», las jóvenes reciben el mensaje de que, por un lado, tientan constantemente a sus hermanos en Cristo, por lo que deben vigilar estrictamente su ropa y sus motivaciones. Por otro lado, se les cateqiza para que entiendan que solo los chicos son seres sexuales, que solo los chicos y las chicas malas sienten deseo de cualquier fuerza. ¿Cómo se enseña a una joven a administrar su sexualidad si se supone que no la tiene?

A los hombres jóvenes no se les da mucho más. El poder del deseo sexual no se niega cuando se interpreta como un problema, pero las soluciones pueden parecer insignificantes en comparación. Aquí es donde muchos han hecho la danza de la represión: nudillos blancos, esperando que Dios les proporcione un matrimonio pronto para no tener que vivir mucho tiempo en la miseria de la espera.

¿Y qué pasa con nosotros, los atraídos por el mismo sexo? Si el deseo de los chicos heterosexuales está codificado como algo peligroso, una bomba de tiempo que esperamos que explote hasta la noche de bodas, ¿dónde nos deja eso? ¿Se supone que nuestra vida es un largo *no*, sin un *sí* a la vista? ¿Es eso posible? A muchos nos han enseñado que la espera no debe ser eterna; la pureza es una posesión que protegemos con nuestra vida, para poder dar ese precioso regalo a nuestro cónyuge, preferiblemente antes de los 25 años. Pero si sospechamos que nunca nos casaremos, ¿qué pasa entonces?

¿Y si la pureza no es algo que podamos perder, porque para empezar nunca la tuvimos? ¿Y si el deseo sexual no es un truco mezquino que Dios nos dio, sino una imagen de algo santo y justo?

La razón por la que tenemos cualquier tipo de deseo es porque estamos hechos a imagen y semejanza de Dios, y Él es el máximo deseador. Como existe desde siempre en una relación perfecta en la Trinidad, no necesitaba hacer a la humanidad. Pero quiso hacerlo, como un puro desbordamiento de Su amor y gozo. Y sigue deseándonos, como un buen marido desea a su esposa. Nuestro deseo sexual, que podemos experimentar con tanta fuerza y de forma tan duradera, es una imagen de lo mucho que Dios nos desea, y de lo mucho que deberíamos desearlo a cambio. Es un recordatorio de que todos nuestros deseos menores pueden dirigirnos hacia el lugar en el que nos sentiremos verdaderamente satisfechos.

Ahora bien, no debemos ser ingenuos. Nacimos muertos en nuestros pecados, y nuestra experiencia y expresión de la sexualidad ha sido estropeada por la caída. Por eso la pureza tiene que ser un don que recibimos de Dios diariamente, no un trofeo que preservamos. Por eso, un coro de «¡no, no, no!» ante el deseo no será suficiente para combatir el pecado sexual, ni conducirá al gozo o la paz. Como un arroyo persistente, las aguas de nuestros deseos serpentearán hasta encontrar un camino abierto.

¿Y si Jesucristo es ese camino? ¿Y si Él, como dijo, es realmente el camino (Juan 14:6)? ¿Y si pudiéramos aprender en una comunidad amada por Dios a ver a través de nuestros deseos sexuales al Dios que los hizo, siendo entrenados para decir sí a Él y no a los falsos amantes? Hay espacio para disciplinarnos para una obediencia gozosa sin vilipendiar la experiencia del deseo sexual, sino para reconocerlo como un buen regalo de Dios.

ZONA DE CONSTRUCCIÓN

Cuando me sentí atraída por primera vez por Jesús, me pregunté si habría un lugar para alguien como yo en Su Iglesia. Al principio me dieron falsas esperanzas los amigos que me dijeron que la Biblia no dice realmente que no a la sexualidad entre personas del mismo sexo. Pero cuando leí la Biblia, descubrí que sí lo dice. Me costó darme cuenta de que quería a Jesús más que a ninguna mujer; anhelaba acercarme de verdad a Él y encontrar mi vida en Él al perderla (Mat. 10:39).

Algunos jóvenes atraídos por el mismo sexo han hecho el viaje opuesto: crecer en la iglesia, pero sentir que no había lugar para ellos. No tuviste éxito en el juego de la represión. Sabías que tus atracciones no cambiarían: lo habías intentado. Los constantes mensajes, tal vez incluso tus pecados y errores, te hacían sentirte impuro, indigno o incapaz de casarte. Y por eso te fuiste. O te echaron. Muchos chicos heterosexuales han tenido experiencias similares.

Otros chicos heterosexuales salieron al mundo y se dieron cuenta de que el mensaje que recibían en la iglesia sobre los «pecadores sexuales» era erróneo. Cuando conociste a personas LGBT+, descubriste que algunas de ellas, que abrazaban lo que la Biblia prohíbe, en realidad mostraban una mayor amabilidad, una mayor empatía e incluso una mayor libertad de la que creías posible. Quizás tú también decidiste «soltarte», atraído por el mensaje de que expresar tu sexualidad es la forma más segura de prosperar.

Puede ser muy confuso; lo que las iglesias han enseñado puede parecer retrógrado, odioso y pequeño. Mientras tanto, lo que el mundo vende parece pleno, vibrante y prometedor. ¿Por qué no dejar lo primero y agarrar lo segundo? Pero es una falsa dicotomía; hay muchas formas diferentes de distorsionar la sexualidad, y todas ellas nos alejan de la vida.

Hay un camino mejor, un camino de gracia y verdad. Jesús no trata sobre estereotipos, prejuicios, burlas o escondites. Él es sobre la vida, el perdón, la fuerza y el gozo. En lugar de desechar todo y alejarte, toma esto como un llamado a crecer en el discernimiento bíblico y separar el oro de la visión de Dios para nuestros cuerpos de la corriente fangosa de cómo la humanidad ha ensuciado la sexualidad.

Con la bondad de la Palabra de Dios, por el poder del Espíritu de Dios, y en la vitalidad del pueblo de Dios, podemos encontrar este mejor camino juntos, y compartirlo con otros.

6

RAZA: ¿ES EL CRISTIANISMO UNA RELIGIÓN DE BLANCOS?

CLAUDE ATCHO

La persistente sensación de que el cristianismo es una religión de blancos es un asunto serio —y a menudo una objeción— que se plantea en el vecindario, en la barbería y en los debates académicos. Con nuestra cultura ansiosa por estar en el lado correcto de la historia, esta cuestión ya no es exclusiva de personas de color u otras minorías étnicas. Los blancos, especialmente los mileniales y la Generación Z, son reacios a abrazar una fe que se perciba como una herramienta para la opresión pasada o presente.

Independientemente de si alguno de estos términos te describe, me alegro de que estés considerando esta importante cuestión. Si se hace rigorosa y honestamente, esta búsqueda puede conducirte a una fe firme.

Hay tres razones generales que comprensiblemente llevan a la gente a preguntarse si el cristianismo es la religión del hombre blanco:

1. La historia de la opresión. Bajo el estandarte del cristianismo, los afroamericanos han sufrido un tremendo dolor y maldad, desde los horrores abrumadores de la esclavitud hasta la violencia física y psicológica de la segregación de Jim Crow. ¿Cómo pueden los afroamericanos aceptar la misma fe que fue cómplice de tal maldad?

2. Jesús con piel clara. Las imágenes de Jesús que vi mientras crecía —incluso las que estaban en mi casa— eran de un Jesús europeo con pelo rubio y ojos azules. Si la piedra angular del cristianismo se representa de forma falsa, ¿es esta fe realmente relevante para las preocupaciones centrales de la gente de color?

3. La persistente apatía hacia la justicia racial en la Iglesia. Mientras nuestra cultura en general se enfrenta a las muertes de personas de color desarmadas a manos de la policía, existe tanto apatía como hostilidad hacia las nociones de justicia racial en la Iglesia estadounidense. Mientras nuestro mundo busca el progreso en estas cuestiones, muchas iglesias parecen ser lentas en asumir la carga.

Estas razones tienden a superponerse y fusionarse. Si el cristianismo ha sido utilizado para oprimirnos; si Jesús es esencialmente europeo en apariencia e interés; si los cristianos de hoy siguen siendo apáticos hacia nuestra situación en esta vida; entonces, ¿no es el cristianismo la religión del hombre blanco? ¿Puede esa fe ser realmente buena para las personas de color?

APRENDER DE FREDERICK DOUGLASS

Aunque Malcolm X es la figura histórica afroamericana conocida por lanzar la acusación de que el cristianismo perjudica a las personas de color, es Frederick Douglass, aproximadamente un siglo antes, quien mejor nos guía hacia una respuesta.

Douglass era a la vez cristiano y esclavo, y más tarde abolicionista, orador sin comparación y predicador laico. Douglass había probado la verdad y la bondad del cristianismo. Pero, al mismo tiempo, experimentó el trauma físico y psicológico de la esclavitud a manos de un amo que blandía el cristianismo para justificar su posesión. Esta disonancia lo atormentaba. Podemos aprender de la forma en que Douglass entendía tanto su fe cristiana como los abusos infligidos a los esclavizados en nombre del cristianismo.

En el apéndice de su primera autobiografía, llena de una honestidad sin concesiones sobre el sufrimiento que padeció a manos de los cristianos propietarios de esclavos, Douglass distingue entre el cristianismo en su verdadera esencia y el cristianismo en su distorsión abusiva. Te animo a que leas sus palabras con atención, aunque las hayas escuchado antes:

> En varias ocasiones he hablado con respecto a la religión en un tono y de una manera tal que podría llevar a quienes no conocen mis puntos de vista religiosos a suponer que soy un oponente de toda religión. Para eliminar la posibilidad de tal malentendido, considero apropiado adjuntar la siguiente breve explicación. Lo que he dicho con respecto a la religión y en contra de ella, quiero aplicarlo estrictamente a la religión esclavista de esta tierra, y sin ninguna referencia posible al cristianismo propiamente dicho; porque, entre el cristianismo de esta tierra y el cristianismo de Cristo, reconozco la más amplia diferencia posible, tan amplia que para recibir el uno como bueno, puro y santo, es necesario rechazar el otro como malo, corrupto y perverso. Ser amigo de uno, es necesariamente ser enemigo del otro. Amo el cristianismo puro, pacífico e imparcial de Cristo. Por lo tanto, odio el cristianismo corrupto, esclavista, que azota a las mujeres, que saquea las cunas, parcial e hipócrita de esta tierra. De hecho, no puedo ver ninguna razón, sino la más engañosa, para llamar cristianismo a la religión de esta tierra. Lo considero como el clímax de todos los términos erróneos, el más audaz de todos los fraudes y la más burda de todas las mentiras.[1]

---

1. Frederick Douglass, *Narrative of the Life of Frederick Douglass, An American Slave*, (Nueva York: Signet Classics, 1997), 120.

En esencia, Douglass proporciona una respuesta del siglo XIX a nuestra pregunta. El cristianismo no es la religión del hombre blanco, porque lo que los propietarios de esclavos practicaban no era el cristianismo bíblico, sino una distorsión condenada por la misma Biblia que ellos pervertían. Si se desea abordar plenamente la cuestión de si el cristianismo es la religión del hombre blanco, entonces Douglass es un maestro necesario con una lección estimulante: para responder genuinamente a esta pregunta, hay que distinguir entre el cristianismo de Cristo y el cristianismo de esta tierra, entre el cristianismo propiamente dicho y sus distorsiones culturales.

El ejemplo y la exhortación de Douglass muestran cómo desenredar en lugar de deconstruir. A través de un cuidadoso desentrañamiento y una paciente recuperación, encontramos que el cristianismo habla de manera única a las preocupaciones de la gente negra con fundamentos vívidos e históricos que han empoderado a nuestro pueblo durante siglos.

UNA FE QUE CUIDA EL CUERPO Y EL ALMA

Parte de este desenredo y recuperación proviene de una cuidadosa atención a la historia. Recordemos que los propietarios de esclavos no permitían que se les enseñara la mayor parte de la Biblia. Consideremos que muchos propietarios de esclavos se resistieron a evangelizarlos y bautizarlos en las colonias americanas, por temor a que exigieran la dignidad e igualdad que corresponde a todos los portadores de la imagen de Dios. Estas realidades históricas ponen de manifiesto la preocupación innata del cristianismo por el alma y el cuerpo, por el mundo futuro y por el mundo actual.

En general, los propietarios de esclavos sabían que los africanos esclavizados en las colonias descubrirían, en una Biblia sin censura, el estímulo y el poder divinos para su plena dignidad y liberación. La mayoría de las denominaciones cristianas blancas comprendieron lo que estaba en juego: el bautismo para ser miembro de pleno derecho de la iglesia afirmaría la plena humanidad e igualdad de los esclavos. Así que los propietarios de esclavos y las iglesias blancas trataron de alimentar a los africanos esclavizados con una fe distorsionada —un cristianismo de los blancos—, ya que el verdadero cristianismo habría desbaratado sus sistemas de opresión. ¿Ves la horrible ironía? Extirparon grandes porciones de las Escrituras e impulsaron interpretaciones erróneas a expensas de lo que realmente enfatiza: Dios cuida tanto del alma como del cuerpo y está comprometido con la santidad, la rectitud y la justicia para todas las personas (Sal. 89:14).

Tal vez el cristianismo que has experimentado está ligado a la negación funcional del racismo, o a la proclamación instintiva de que todas las vidas importan, o a un desprecio general por la situación de los afroamericanos. Tales sentimientos producen un efecto demasiado real: la sensación de que, cuando se trata de las preocupaciones reales de los afroamericanos, el cristianismo no tiene nada de valor sustantivo que decir, sino que es impotente y silencioso. El testimonio de la historia es claro: los cristianos blancos de Estados Unidos a menudo han tolerado o participado en la esclavitud, la segregación y la desigualdad racial. Mientras que muchos cristianos han luchado contra esos males debido a su fe, demasiados otros han convertido su fe en una justificación para mantener el *statu quo* del racismo.

Aquí es donde el modelo de desenredo de Douglass es vital. La lectura más sencilla de las Escrituras nos muestra que el cristianismo no es impopular ni silencioso: habla con las palabras inspiradas por Dios que impulsaron a nuestros antepasados a buscar la libertad espiritual y física. Frente a un mundo que a menudo demoniza a las personas de color, asignando una inferioridad biológica o cultural inherente a los afrodescendientes, el cristianismo declara que todos los pueblos están hechos a imagen y semejanza de Dios (Gén. 1:26-28). Por tanto, los que esclavizan a otras personas son nada menos que impíos (1 Tim. 1:10). A los que se preguntan qué desea Dios —y a los que permanecen apáticos ante los problemas sociales urgentes—, las Escrituras nos llaman a «hacer justicia, y amar misericordia, y humillarte ante tu Dios» (Miq. 6:8). A los que se preguntan si Dios se preocupa por la situación de Su pueblo, el cristianismo nos da a Cristo mismo, que comprende el sufrimiento, concede la salvación y nos encarga que amemos a Dios y al prójimo como a nosotros mismos.

A un mundo que busca introducir su sentido de justicia perfecta en el presente, el cristianismo nos dice que Dios lo hará plena y justamente en un día señalado (Hech. 17:31). Esta es una buena noticia para todas las personas, y es una visión de la vida y la fe que habla del dolor persistente de la experiencia de los afroamericanos en Estados Unidos.

No es necesario abandonar la fe para criticar sus abusos contra los afroamericanos; de hecho, las mayores críticas contra las distorsiones del cristianismo son el cristianismo vivido con fidelidad y la lectura clara de las Escrituras. Aunque haya sido amordazada y tergiversada, la Palabra de Dios sigue hablando de nuestras preocupaciones más graves.

RECUPERAR EL TESTIMONIO DE NUESTROS ANTEPASADOS ESCLAVIZADOS

El fenómeno de separar el cristianismo bíblico de sus desórdenes es la única manera de entender uno de los acontecimientos más milagrosos de la historia moderna: la adopción generalizada por parte de los africanos esclavizados de la religión de sus opresores. Innumerables africanos esclavizados superaron las maliciosas interpretaciones de las Escrituras por parte de los propietarios de esclavos para contemplar —y abrazar— la fe cristiana. En la misma fe que se utilizó indebidamente para deshumanizarlos, descubrieron la afirmación de Dios sobre su humanidad, su llamado a buscar la igualdad y su revelación salvadora en Cristo. Así que llevaron sus lamentos, cicatrices y traumas al trono del cielo. Con paciencia y oración, escudriñaron las Escrituras y desentrañaron la verdadera fe de sus atroces distorsiones.

Cuando se trata de la historia del cristianismo y de los afroamericanos, es comprensible centrarse en los abusos que han sufrido en nombre de la fe. Son muchos. Debemos reconocer este dolor tanto para nuestra sanidad como para nuestro aprendizaje. Pero la historia es contundente: la historia del cristianismo y de los afroamericanos es más que un relato de nuestra opresión. Es una historia que contiene multitudes, una historia de sufrimiento y de triunfo, de dolor indecible y de fe inquebrantable.

Si eres afroamericano o de ascendencia africana, tienes una gran nube de testigos étnicos, muchos de los cuales probaron el sufrimiento, pero encontraron en la salvación de Jesús y en las Escrituras una esperanza transformadora para este mundo y el siguiente. Creyentes de color como Martin Luther King Jr., Sojourner Truth y Fannie Lou Hamer dejaron una marca indeleble en la historia al luchar por la justicia y la rectitud gracias a su fe, no a pesar de ella. Si estás al borde de la deconstrucción —o ya has dado el salto— recuerda la nube de testigos ancestrales que dan testimonio de Cristo, no por la coacción del hombre blanco o del colonialismo, sino porque el cristianismo es verdadero y bueno para todas las personas.

Te animo a reflexionar profundamente, a leer en oración y ampliamente las voces antiguas y nuevas, y a conversar en comunidad antes de dar por perdida la fe que llevó a nuestros antepasados a través de pruebas desgarradoras con su dignidad intacta.

RAÍCES AFRICANAS DE LA HISTORIA CRISTIANA PRIMITIVA

A menudo surge otra preocupación de los afroamericanos hacia esta religión de sus antepasados. Aunque el cristianismo haya ayudado a la comunidad afroamericana, ¿es natural o es solo el legado de la colonización?

La masiva popularidad de la película de 2018 de Marvel, Black Panther, y el reciente aumento de las espiritualidades africanas entre los mileniales de color, están relacionados con esta pregunta. Ambos reflejan, de diferentes maneras, un creciente deseo entre los afroamericanos más jóvenes de recuperar su herencia étnica: «descolonizarse» de las creencias que premian las normas culturales eurocéntricas y volver a las propias raíces africanas o ancestrales. Grupos religiosos como los Israelitas Hebreos Negros aprovechan este impulso afirmando que ofrecen una identidad religiosa natural para los afroamericanos, no manchada por los blancos y los abusos del cristianismo.

Por supuesto, Dios ama la diversidad étnica, diseñándola y valorándola hasta el punto de incluirla en la renovación del cielo y la tierra (Apoc. 7:9). Pero esto no es solo una cuestión de esperanza futura: basta con mirar los orígenes del cristianismo, concretamente en África. No es necesario abandonar el cristianismo para descubrir su herencia africana; hay que descubrir las raíces africanas del cristianismo.

Piensa que uno de los tres epicentros del cristianismo primitivo fue Alejandría, situada en Egipto. Muchas de las figuras cristianas más formativas eran africanas, desde teólogos seminales como Tertuliano hasta Agustín y la fiel mártir Perpetua. El cristianismo en África es muy anterior a la esclavitud y al colonialismo europeo. Lugares como Etiopía y Sudán ya albergaban un cristianismo floreciente en el siglo IV. El difunto erudito Thomas Oden lo expresó de forma contundente: «Si se elimina a África de la Biblia y de la memoria cristiana, se habrán extraviado muchas escenas fundamentales de la historia de la salvación. Es la historia de los hijos de Abraham en África; de José en África; de Moisés en África; de María, José y Jesús en África; y poco después de Marcos y de Perpetua y Atanasio, y de Agustín en África».[2]

UN SALVADOR QUE SE PREOCUPA Y SABE

Las respuestas históricas y bíblicas a la inquietante pregunta de si el cristianismo es una religión de blancos son importantes. Pero esta cuestión no se resuelve solo con información. No somos cerebros en un palo, después de todo; somos criaturas con deseos, guiadas por nuestros corazones, lo que significa que nuestros motivos e impulsos son complejos nudos que requieren una cuidadosa reflexión. Así que mientras luchas con la pregunta que hay detrás de este capítulo, ¿cuestionarás la narrativa cultural y los impulsos del corazón que te hacen pensar que el cristianismo pertenece a los blancos?

La imagen del Jesús blanco es tan desagradable porque sugiere que Jesús no entiende ni se identifica con ninguna persona de origen no anglosajón. Sin embargo, el propio Jesús se acercó a los que el mundo olvidó y despreció. El mismo Jesús sintió el horrible aguijón

2.   Thomas C. Oden, *How African Shaped the Christian Mind: Rediscovering the African Seedbed in Western Christianity*, (Downers Grove, IL: InterVarsity Press, 2007), 14.

de la injusticia y el sufrimiento. Jesús mismo sufrió por nosotros. No hay ninguna otra figura religiosa que pueda empatizar tanto con el dolor y la dureza de la experiencia humana, incluida la historia de los afroamericanos a lo largo de los siglos.

Te exhorto a examinar de nuevo a Jesús de Nazaret, tal y como se revela en los Evangelios, la figura singular que, por Su sufrimiento injusto, Su solidaridad con los humildes y Su amor sacrificial ha sido la prueba viviente para nuestro pueblo de que el cristianismo no pertenece al hombre blanco, sino al hombre-Dios resucitado. Él es la prueba definitiva de que Dios nos conoce, nos ve y nos ama.

7

POLÍTICA: SIERVO JUSTO, AMO TIRANO

SAMUEL JAMES

Un miércoles por la noche, en el sótano sin terminar de nuestra iglesia, mi amigo Robby me preguntó: «¿Crees que es pecado no votar por George W. Bush?». Era el año 2004, y Robby y yo éramos tan conscientes como todos de las elecciones en Estados Unidos. A otra persona podría parecerle una pregunta extraña, pero a mí no, ni a ninguno de los presentes esa noche. La idea de que un candidato pudiera ser la opción cristiana era, si no algo que Robby y yo habíamos contemplado, ciertamente algo que dábamos por sentado, probablemente porque era algo que nuestros padres y maestros de la iglesia habían supuesto antes que nosotros.

No todos los cristianos se sienten angustiados por haber sido educados en ciertas creencias sobre la fe y la política, para luego replantearse esas creencias. Pero algunos experimentan esta tensión como si tuvieran que desmantelar todo lo que han conocido. A veces la política absorbe lo teológico, dejando un desastre.

SIERVO JUSTO, AMO TIRANO

La política es un siervo justo, pero un amo tirano.

Desde el punto de vista bíblico, la política es necesaria porque los seres humanos han sido creados a imagen y semejanza de Dios. El desarrollo humano requiere la capacidad y la voluntad de los portadores de la imagen de Dios para vivir en alegre y amorosa armonía con Él y en el orden creado. Ser creados a imagen de Dios significa ser creados bajo el mandato divino de ejercer un santo dominio sobre el universo.

La política es el *cómo* del santo dominio.

Pero tenemos que entender algo importante. La política, el ejercicio justo y recto del poder sobre las instituciones humanas, es solo un cómo. No es un *por qué*. Según el cristianismo bíblico, la política solo puede ser un medio para un fin, no un fin en sí mismo. Antes de que existiera cualquier política, Dios existe.

Los cristianos necesitan recordar que la política puede ser un siervo justo, pero un amo tirano y blasfemo. Muchas iglesias en los Estados Unidos mantienen un mejor sentido de unidad sobre sus partidos políticos y candidatos favoritos que sobre las doctrinas básicas de su fe cristiana. En muchas iglesias, los miembros no pueden explicar ni siquiera los puntos más sencillos del evangelio, pero una publicación en Facebook sobre las elecciones puede generar discusiones y crear divisiones.

En muchas de estas iglesias, el cómo de la política ha derribado el porqué del cristianismo. He visto cristianos caucásicos acusar a un cristiano afroamericano, que comparte la doctrina fundamental del cristianismo, de ser «liberal» simplemente porque habla de la injusticia policiaca. Él no dijo nada antibíblico —al contrario, la Biblia afirma que los caídos ejercerán el poder injustamente—, simplemente no se alineó al mismo partido político.

Esto sucede cuando el pueblo de Dios permite que la política lo domine espiritual, emocional y teológicamente. Pero la política es como cualquier otro ídolo: no cumple lo que promete. Por eso muchas de las personas más políticas que conoces son también las más ansiosas, las más temerosas, las más volátiles. El ídolo de la política promete una sensación de control sobre este mundo intimidante. Sin embargo, en realidad, aumenta el miedo al alejar nuestros ojos del Soberano que gobierna la historia.

IDOLATRÍA EN AMBOS LADOS

No es difícil ver cómo la política puede convertirse en idolatría al ver a otros. Puedo detectar una mancha de tribalismo en los ojos de esos cristianos desde lejos. Pero la misma idolatría se puede arraigar, y de hecho lo hace, en los corazones de quienes creen que la rechazan.

Deshacer tu fe por frustración con la iglesia o por los compromisos políticos de tus padres es una forma de idolatría. Así como defender algún partido político como prueba de compañerismo cristiano es un error, usar la política como una razón para abandonar los compromisos bíblicos es igualmente un error. Es el mismo error, solo que en una dirección diferente.

Mi amigo Jesse (no es su nombre real) fue, como yo, criado en un entorno de educación en casa muy conservador que enseñaba teología evangélica junto con una política fuertemente de derecha. Con el tiempo, Jesse se dio cuenta de que mucho de lo que le enseñaron sobre los dos partidos políticos en Estados Unidos no siempre era cierto. Por esta razón, comenzó a cuestionar no solo la política de sus padres, sino también su creencia en cosas como la inerrancia de las Escrituras, la expiación sustitutiva y la exclusividad de Cristo.

En los últimos años, he observado cómo Jesse ahora defiende su nueva teología y política progresista. Hace un tiempo, sus publicaciones en Facebook estaban más enfocadas en cuestionar, simplemente tratando de «iniciar una conversación» y desactivar la confianza fanfarrona de los miembros de su familia fundamentalista. Hoy, sus mensajes sobre política y teología son mucho más atrevidos. Cree que la expiación sustitutiva es una doctrina moralmente escandalosa. No le interesa escuchar a las personas que oprimen a las mujeres al sostener que solo debe haber ancianos varones. Con su agudo ingenio, desprecia a cualquiera que pueda ser tan moralmente corrupto como para apoyar a ciertos candidatos.

Puede que Jesse se haya separado de la política conservadora en la que fue educado para creer lo que su fe exigía. Pero desde mi punto de vista, Jesse sigue atrapado en la idolatría política. Su política sigue dictando su fe, solo que en la dirección opuesta a la de sus padres.

Para los jóvenes cristianos en particular, es fácil decir que la Biblia trasciende nuestra política cuando lo que realmente queremos decir es que la Biblia trasciende tu política. Es fácil sentir que estamos mejor simplemente porque nos movemos, como un péndulo, en la dirección opuesta a los errores de quienes nos formaron. Así es la naturaleza humana. El problema de los péndulos es que lo único que hacen es moverse hacia adelante y hacia atrás.

La sabiduría es diferente.

TRIUNFAR VS. SABIDURÍA

La sabiduría no es simplemente correr en dirección contraria a lo que nos disgusta. En una sociedad polarizada que es alérgica al pensamiento tranquilo y cuidadoso, es fácil pensar que la sabiduría debe sentirse como una victoria. Este es el aire que respiran los occidentales. Los políticos, los activistas e incluso muchos pastores moldean cuidadosamente su retórica para hacer que todo lo que hacen sus oponentes parezca lo más malo posible.

Cuando nos llenamos de este tipo de pensamiento día tras día, como inevitablemente sucederá si pasamos horas cada semana viendo noticias y redes sociales, nos estamos convirtiendo en el tipo de personas sobre las que advirtió C. S. Lewis en su ensayo «*The Inner Ring*» [El círculo interno].

En este ensayo, Lewis describe que una de las tentaciones más intensas es creer en algo y comportarse de cierto modo solo para ser aprobados por nuestros grupos y amigos. Dirigiéndose a un grupo de jóvenes estudiantes universitarios, Lewis advierte que sacrificar los principios y la moralidad por la pertenencia a un grupo no va a detenerse a menos que puedan encontrar el círculo interno adecuado al que unirse. Si ceden a ello, harán compromisos cada vez más impensables porque siempre habrá un círculo interno más que desear. «De todas las pasiones —dice Lewis— la pasión por el círculo interno es la más hábil para hacer que un hombre que todavía no es un hombre malo haga cosas muy malas».[1]

Cuando se trata de los cristianos y la política, con frecuencia la pregunta del día no es: «¿Es esto, de acuerdo con lo que Dios ha dicho en las Escrituras, verdadero, bueno y hermoso?». En vez de esto, es: «¿Qué dicen los de mi grupo sobre esto?» o, peor aún, «¿Qué dicen los del grupo contrario sobre esto (porque lo contrario debe ser cierto)?».

Esto es lo que ocurre cuando los cristianos de derecha hacen las paces con la crueldad a los niños inmigrantes porque «es propia de los liberales». Esto es lo que ocurre cuando los cristianos de izquierda no se pronuncian a favor de los no nacidos porque hacerlo los pondría del lado de la gente que les desagrada. Cuando lo que importa es ganar y no la sensatez, la gente se desentiende de sus convicciones para mantener su grupo.

Por otro lado, si permites que la Biblia moldee tu conciencia, no tienes que estar pendiente de dónde te colocan tus opiniones. La Biblia, que insiste en la vida del no nacido y en la inmoralidad del asesinato, es la misma que dice que Dios mira con atención cómo una sociedad trata a sus huérfanos, viudas y pobres. La Biblia, que ordena al pueblo de Dios que muestre compasión a los vulnerables y amabilidad con el extranjero, es la misma que promete la ira divina para aquellos que rechazan el diseño de nuestro Creador para la sexualidad y el género. La Biblia, que enseña que la salvación solo está en Jesucristo, también enseña que todos nosotros, salvados o perdidos, estamos hechos a Su imagen.

---

1. C. S. Lewis, *«The Inner Ring»*, en *The Weight of Glory and Other Addresses*, (Nueva York: HarperCollins, 2001), 153–54.

Esta es la sabiduría que ofrece el evangelio. Si aceptas esta sabiduría, probablemente no «triunfarás» mucho, porque no serás muy popular en nuestra polarizada sociedad. La sabiduría bíblica hará que a veces te llamen liberal los de la derecha, o fundamentalista los de la izquierda: algo parecido a lo que ocurrió con Jesús, que fue rechazado y difamado por los rígidos y moralistas líderes religiosos, pero también rechazado por la gente común, a la que no le gustó lo que dijo sobre su necesidad de Él (Juan 8:31-59).

Aunque rechazar lo que te dijeron en el grupo de jóvenes de la iglesia puede parecerte una especie de independencia, en realidad es probable que solo te estés moviendo como un péndulo hacia otra fuente de autoridad: nuevos amigos, nuevos profesores, nuevas cuentas en las redes sociales o nuevos libros o artículos. La pregunta no es: «¿Te vas a formar a ti mismo o vas a permitir que alguien te forme?». La pregunta es: «¿Serás moldeado por un Creador todopoderoso y misericordioso que ama la justicia y la rectitud? ¿O te dejarás moldear por el interminable desfile de modas y grupos?».

Tener realmente una fe que trascienda —y no que ignore— la política significa aceptar un enfoque auténticamente conformado por Cristo.

NUEVA IDENTIDAD

La humildad es tan rara en el discurso político porque, para muchas personas, la creencia y la pertenencia política constituyen el núcleo de su identidad. El desacuerdo se convierte en ataque, y la exposición a creencias que nos desafían ya no se aprecia como algo que pueda fortalecernos.

En su libro *The Coddling of the American Mind* [Consintiendo a la mente estadounidense], Greg Lukianoff y Jonathan Haidt presentan datos convincentes que muestran que los estadounidenses más jóvenes son más reacios a las ideas y personas contrarias a ellos. Los profundos problemas de polarización y demonización en la cultura contemporánea se deben, en primer lugar, a cómo se enseñó a los adultos de hoy, cuando eran niños, a pensar en sí mismos. Si se enseña a los niños a pensar en sí mismos como «frágiles», si se les enseña a confiar siempre en lo que les dicen sus sentimientos, y si se les enseña que el mundo es una simple batalla entre gente buena y mala, crecerán con la idea de que todos aquellos que no están de acuerdo con ellos representan un peligro.[2]

El decrépito estado de gran parte de nuestra sociedad se debe, concluyen Haidt y Lukianoff, a cómo pensamos en nosotros mismos.

Tienen razón. Sin embargo, su análisis no va lo suficientemente lejos. La verdad es que, sin las afirmaciones de la verdad trascendente de la Biblia, todos estamos abandonándonos a nosotros mismos en la formación de nuestras identidades, y estas identidades son extremadamente frágiles, ya que no podemos controlar el mundo. La única manera de salir de la fragilidad que da lugar al odio y a evitar a los demás es creer que nosotros —y el universo— no nos pertenecen, sino a Dios.

Cuando confías con toda tu alma en que el soberano Jesucristo reina sobre el mundo, y que ha muerto y resucitado para mantenerte a salvo en Su presencia para siempre, el miedo y la aversión hacia los que no están de acuerdo contigo pierden su poder. Puedes intentar persuadir a los demás con gentileza en lugar de verlos como males cósmicos que van a destrozarlo todo a menos que sean detenidos.

Antes de desmantelar tu fe cristiana, considera si cualquier identidad que puedas crear para ti a partir de tus creencias políticas puede hacerte valiente y compasivo. Jesús puede hacerte así, porque Él es así.

CORRECTA ADORACIÓN

Una fe que va más allá de la política se centra en la adoración. Te preguntarás: «¿Qué tiene que ver la adoración con la política?». La respuesta es: todo.

¿Una iglesia evangélica que compromete lo que la Biblia dice sobre la justicia para mantenerse en sintonía con su grupo político preferido? Eso es una cuestión de adoración. ¿Una estudiante universitaria de

2.   Greg Lukianoff y Jonathan Haidt, *The Coddling of the American Mind: How Good Intentions and Bad Ideas Are Setting Up a Generation for Failure*, (Nueva York: Penguin, 2018), 177.

veintitantos años que rechaza las afirmaciones de Jesús porque no puede imaginarse condenando a personas que quieren vivir sus preferencias e identidades sexuales libremente? Eso es una cuestión de adoración. Lo que ocurre cuando la política y la fe chocan revela algo fundamental sobre nuestra adoración.

Si no se adora a Dios tal y como se ha revelado en Jesucristo, el corazón humano busca ídolos. De nuevo, es casi imposible exagerar lo común que se ha vuelto la adoración de la política para las personas, incluyendo a muchos cristianos. Un ejemplo sorprendente de cómo la política se ha convertido en un dios en nuestra cultura es una encuesta de 2019 que indica que «tanto los republicanos como los demócratas estarían más enojados si su hijo se casara con una persona del partido político contrario que si se casara con una persona de una fe religiosa diferente».[3]

Cuando olvidas que Dios controla el universo, y que lo orquesta todo hacia la justicia y la bondad al final de los tiempos, verás a los que no están de acuerdo con tu política no solo como equivocados, sino como malvados. Y tu reacción hostil probablemente revele que tu confianza más profunda no está en el poder de Cristo, sino en el poder de las urnas.

Desde este punto de vista, puedes ver cómo alejarse de una persona, la obra y las promesas de Jesucristo, porque no se ajustan a tus preferencias políticas, es una locura. Abandonar a Cristo no hará que tu política sea más tolerante y sofisticada. Lo que hará, con toda seguridad, es entregarte a los caprichos de una cultura secular de indignación y eliminación despiadada e implacable. Te dejará sin una base moral. Lo peor de todo es que te robará la única esperanza lo suficientemente firme como para sobrevivir al sufrimiento profundo, a las expectativas incumplidas, a los sueños destrozados, a los enemigos poderosos y a la confianza rota. Solo Cristo es lo suficientemente grande para asegurarte la esperanza final, porque solo Cristo es lo suficientemente grande para deshacer un día todo lo que está roto en este mundo.

3. David French, «*Politics Is a Jealous God*», *The French Press*, 29 de diciembre, 2019, https://frenchpress.thedispatch.com/p/politics-is-a-jealous-god.

EL BASURERO DE LA HISTORIA

Ningún partido político tiene una marca registrada sobre las afirmaciones de la verdad de Jesucristo. Si ser cristiano significa algo, es creer que Jesús tiene una autoridad verdadera e inmutable sobre todas las actividades e instituciones humanas. Su muerte y resurrección exigían respuestas desde mucho antes de que existiera la sociedad actual. Y Su muerte y resurrección exigirán una respuesta mucho después de que tú, yo, y lo que conocemos como el mundo de hoy haya sido olvidado y llevado al basurero de la historia.

En lugar de mirar a otros cristianos y decidir cómo responder a Jesús, mira a Jesús. Mira Su sabiduría, Su compasión, Su excelencia. Mira Su paciencia, Su justicia y Su realeza. Mira sus asombrosas promesas de gracia y Su poderosa garantía de justicia final. Después de mirarlo a Él, mira al mundo que te rodea: a la izquierda, a la derecha y al centro. Mira la ruptura, la hipocresía y la inconsistencia del mundo actual. Observa cómo es la vida cuando la gente pecadora intenta gobernar el mundo al margen de su Creador.

Si miras a Jesús y luego al mundo, queriendo sinceramente ver, entonces verás. Y no serás el mismo.

8

INTERNET: DECONSTRUIR LA FE EN LÍNEA

JAY Y. KIM

Hace algunos años nos preparábamos para la llegada de nuestro segundo hijo. En mi lista de pendientes estaba mover la cuna de la habitación de nuestro hijo mayor a la que sería la habitación de nuestro recién nacido. La cuna era demasiado grande para pasar por la puerta, así que había que desarmarla. Pero teníamos un problema. Esta cuna en particular requería herramientas específicas, que yo había olvidado guardar. Después de una hora de retorcer delicadamente los tornillos con instrumentos inapropiados, la frustración se apoderó de mí. En un lapsus momentáneo de ira, levanté un martillo en lo alto como Thor dispuesto a hacer llover truenos, antes de detenerme.

Ya sea una cuna, o la fe cristiana, siempre hay dos maneras de desmantelar: con martillos o con herramientas precisas.

Desmantelar con martillos es rápido y fácil. Pero también es imprudente. El desorden resultante nos deja con poco para reconstruir algo relevante. La deconstrucción con herramientas precisas, en cambio, es mucho más metódica. Rara vez es tan rápido y fácil como el martillo. Pero al final conservamos los materiales necesarios para reconstruir algo sustancial.

Muchas historias de deconstrucción de los últimos años comparten una tendencia alarmante: la fuerte influencia de las caracterizaciones en línea del cristianismo. Tal vez esta sea tu historia. Si lo es, lo entiendo. Un rápido recorrido por el paisaje de las redes sociales nos expone a un montón de representaciones preocupantes del cristianismo. Las redes sociales son expertas en sumergirnos en cámaras diseñadas para enfurecernos, porque así es como nos mantienen haciendo *clic* y navegando. Como señala Arthur Brooks: «En cualquier tema polémico, las plataformas (de redes sociales) son máquinas de desprecio».[1]

A mí también me exaspera a menudo el contenido en línea de muchos que dicen seguir a Cristo. Pero cuando las caracterizaciones del cristianismo se convierten en la principal motivación para la deconstrucción, podemos, sin quererlo, desmantelar la fe con martillos. Las caracterizaciones alimentan nuestro desprecio. La indignación nos abruma, y nos alejamos. Cuando terminamos, solo quedan fragmentos de nuestra antigua fe. Esto es trágico.

Pero hay otro camino, un camino lleno de sabiduría, las Escrituras y la Iglesia. Este camino requiere que salgamos de nuestro escondite detrás de los muros digitales, para comprometernos con personas reales en el mundo real. Es un camino de herramientas manejadas con precisión, no de martillos blandidos con rabia.

---

1. Arthur C. Brooks, *Love Your Enemies: How Decent People Can Save America from the Culture of Contempt*, (Nueva York: HarperCollins, 2019), 24.

¿INGENIO O SABIDURÍA?

Internet rebosa de ingenio, un flujo interminable de bocados inteligentes y atractivos de diversión y (des)información. Su expresión pública parece siempre repentina y espontánea, aunque se haya elaborado con trabajo a lo largo del tiempo. Esta es la naturaleza del ingenio. Si no es sorprendentemente abrupto, no es ingenioso. Por lo tanto, es lógico que, en el futuro, el ingenio sea un elemento de la vida cotidiana. Los espacios en línea están dominados por el ingenio. A medida que nuestras experiencias digitales crecen en velocidad, haciéndonos cada vez menos pacientes, nuestro apetito cambia. Lo que anhelamos son los bocados bruscos. Lo lento y constante da paso a lo rápido y fácil.

Pero mientras que el ingenio reina en la era digital, la fe cristiana nos señala una virtud claramente diferente: la sabiduría (Prov. 3:13; 4:5; 8:11). La sabiduría, sin embargo, no es rápida y fácil. No está a un paso o a un *clic* de distancia, sino «lejos [...] y demasiado profundo» (Ecl. 7:23-25). La sabiduría es difícil de encontrar. No hay atajos ni versiones abreviadas. Nada podría ser más opuesto a la forma en que solemos pasar nuestro tiempo en línea. Daniel Grothe señala astutamente uno de nuestros mayores retos para buscar y encontrar la sabiduría hoy en día: «Somos una sociedad llamada, golpeada y alertada hasta la muerte. Las palabras se esparcen por el paisaje de nuestras vidas como la paja en una era».[2]

La sabiduría es difícil, en el mejor de los casos —o imposible, en el peor de los casos—, de encontrar en un titular de prensa o en una foto con filtros. De nuevo, ese es el territorio del ingenio. Y en la era digital, mucha de la deconstrucción es estimulada por el ingenio más que por la sabiduría. En nuestro contenido aparecen diferentes voces. Captan nuestra atención con declaraciones concisas que diseccionan la fe. Luego, los algoritmos hacen su magia y nos envían en espiral a una cacofonía de voces afines. Antes de que nos demos cuenta, nuestra fe se deshace.

2.   Daniel Grothe, *Chasing Wisdom: The Lifelong Pursuit of Living Well*, (Nashville: Thomas Nelson, 2020), 98. Para otro abordaje astuto de la sabiduría, ver Brett McCracken, *The Wisdom Pyramid: Feeding Your Soul in a Post-Truth World*, (Wheaton, IL: Crossway, 2021).

Pero las interpretaciones truncadas y excesivamente simplificadas dejan poco espacio para la complejidad, la profundidad y los matices necesarios para llegar a una comprensión sustantiva de la auténtica fe cristiana. Así que, en lugar de permitir que el ingenio gane la partida, hay que buscar la sabiduría bíblica. ¿Y cómo es exactamente la sabiduría bíblica? «... la sabiduría que desciende del cielo es ante todo pura, y además pacífica, bondadosa, dócil, llena de compasión y de buenos frutos, imparcial y sincera» (Sant. 3:17).

Este tipo de sabiduría es sorprendentemente diferente de muchas versiones en línea del «cristianismo». He descubierto que es tremendamente provechoso centrarse en la influencia de mentores sabios en mi vida, por encima y antes de las influencias cristianas en línea. Los mentores sabios casi siempre se encuentran en las comunidades en lugar de las redes sociales. Y a menudo, no se parecen en nada a lo que uno espera.

Busca a aquellos que han evitado el espectáculo en favor de la constancia; que han sido fieles a Dios, a la familia, a la Iglesia, a los amigos, durante un largo período de tiempo; que han aprendido mucho pero todavía tienen hambre de aprender; que encuentran el gozo en la sencillez; que mantienen la compostura frente a los obstáculos; que son más generosos de lo que la mayoría de la gente conoce; que se deleitan en las Escrituras; que aman y siguen a Jesús en todas las cosas grandes, pequeñas e intermedias de la vida.

TRASCENDER LOS EXTREMOS

Cuando busques mentores sabios, te darás cuenta de algunas cosas. Los que han buscado y encontrado la sabiduría son rápidos para escuchar, lentos para hablar, y rara vez se dejan atrapar por lo voluble de las mareas culturales. Son templados, reflexivos y casi siempre están en paz, incluso cuando son despreciados o agraviados. Nuestras experiencias en línea son todo lo contrario. En Internet, a menudo soy rápido para hablar, lento para escuchar y me ahogo en las aguas volubles de la cultura. Tal vez te sientas identificado. Esta es la moneda de la era digital, los extremos equivalen a los *clics*. Muchos de nosotros nos embarcamos en la deconstrucción de los extremos en línea. Pero esto no es aconsejable: necesitamos distancia para alcanzar la claridad. Hay que trascender los extremos.

¿Qué significa trascender los extremos, hablando en términos prácticos? Hay varias maneras de hacerlo, pero una de las más importantes, especialmente en nuestra época de sobreinformación y a menudo desinformación, es sumergirnos en las Escrituras. Por supuesto, esto es más fácil de decir que de hacer. Irónicamente, una de las razones por las que es tan difícil sumergirse en las Escrituras es que nuestras tendencias en línea deterioran nuestra aptitud. A medida que nos desplazamos, deslizamos y hacemos *clic*, las vías neurológicas se reconfiguran. Estamos perdiendo la capacidad de leer textos largos. En vez de ello, anhelamos consumir la información de la forma en que Internet la ofrece: en ráfagas truncadas. Como dice el escritor Nicholas Carr: «Antes era un buceador en el mar de las palabras. Ahora me deslizo por la superficie como alguien en una moto acuática».[3]

No es de extrañar que los extremos en línea alimenten tanta destrucción. Cuando leemos la Biblia en ráfagas truncadas, inevitablemente experimentamos un sustituto superficial de fe genuina. Algunos de los acérrimos críticos modernos del cristianismo leen la Biblia de esta manera. Por ejemplo, el ateo Richard Dawkins: «El Dios del Antiguo Testamento es posiblemente el personaje más desagradable de toda la ficción: celoso y orgulloso; un controlador mezquino, injusto e implacable; un limpiador étnico vengativo y sanguinario; un matón misógino, homófobo y racista».[4]

La única manera de llegar a esta conclusión es leer la Biblia como pedazos de datos sin conexión. Pero cuando leemos y estudiamos más profundamente, esta representación de Dios se convierte en una caracterización superficial y desinformada, construida a partir de la extracción de algunos versículos del texto. Así que, antes de deconstruir, te invito a que trasciendas los extremos leyendo las Escrituras de

---

3.   Nicholas Carr, *The Shallows: What the Internet Is Doing to Our Brains*, (Nueva York: W. W. Norton & Company, 2011), 7.

4.   Richard Dawkins, *The God Delusion*, (Boston: Houghton Mifflin Harcourt, 2006), 51.

forma lenta, profunda y envolvente. Antes de acudir a las redes sociales para formar una opinión, dirígete a la fuente primaria, la Biblia, y permanece allí lo suficiente para que Dios te moldee. Estúdiala en comunidad: encuentra a otras personas que se sumerjan regularmente en sus profundidades y únete a ellas. Aquí es cuando el mentor sabio puede ser un recurso tremendo.

SEGUIDORES, AMIGOS, FAMILIA

Soy hijo único, y mi madre tenía varios trabajos cuando yo era niño. Esencialmente, crecí solo, lo que significaba que todo giraba en torno a mí. A veces, el Internet me recuerda mi infancia. Aunque MySpace ya no es el fenómeno cultural que fue a principios de la década de 2000, nuestras experiencias digitales siguen girando en torno a nuestro espacio. Nos adaptamos a nuestras preferencias. Bloquear, eliminar de la lista de amigos y cancelar cualquier cosa o persona que no nos convenga es tan fácil como un *clic*. En Internet a menudo somos hijos únicos.

Ahora soy padre de dos niños pequeños. Verlos navegar juntos por la vida es fascinante. Las relaciones entre hermanos son volátiles e imprevisibles. Pero el parentesco no lo es. El parentesco es innegable, incesante e inmutable. Mis hijos son hermanos para siempre. Están inextricablemente conectados. No se han elegido el uno al otro. La única elección que tienen es cómo van a cultivar su parentesco.

No se puede negar que la comunidad cristiana es difícil. Dado que la Iglesia está formada por personas pecadoras como tú y yo, es defectuosa. Tal vez hayas sido herido por la Iglesia. Si es así, no estás solo. Yo estoy ahí contigo. Y cuando me han herido, a menudo he tenido la tentación de bloquear, eliminar la amistad, cancelar y empezar a desmantelar. Pero esta reacción familiar nace de un grave malentendido sobre lo que es realmente la Iglesia.

En las redes sociales, somos principalmente seguidores y amigos. Seguimos a personalidades y nos conectamos con amigos. Pero estas relaciones en línea se establecen bajo nuestros términos. Elegimos a las personas a las que seguimos y de las que nos hacemos amigos, basándonos sobre todo en el interés personal y el beneficio propio. Tenemos el poder de romper estas relaciones y dictar sus condiciones. Pero los cristianos somos llamados a un tipo de relación mucho más profunda; no a seguir personalidades o hacer algunos amigos, sino a ser una familia. Recuerda, no hay elección en el asunto de la familia. Estamos inextricablemente conectados. No nos elegimos unos a otros. La única elección que tenemos es cómo vamos a cultivar nuestro parentesco.

Cuando vemos la iglesia simplemente como un lugar para encontrar una personalidad a la que seguir o algunas personas con las que entablar amistad, romper los lazos se convierte en una opción fácilmente disponible y tentadora. Pero la Iglesia es una familia: por la fe en Jesús, nos convertimos en hijos de Dios y en parte de Su familia (ver Juan 1:12-13; 1 Jn. 3:1a). Lo que nos une es mucho más fuerte y significativo que la despreocupación de nuestras conexiones digitales.

La familia es un desorden, sin duda. El llamado a vivir como hermanos no es una invitación a una utopía encantada en la que todos sonríen y se llevan bien. La Iglesia es desordenada. No hay una iglesia perfecta para ninguno de nosotros. Esa idea es un unicornio, una ilusión. Como escribe Dietrich Bonhoeffer: «Aquellos que aman su sueño de una comunidad cristiana más que la propia comunidad cristiana se convierten en destructores de esa comunidad cristiana, aunque sus intenciones personales sean muy honestas, serias y sacrificadas».[5]

Cuando no estamos dispuestos a caminar con paciencia al lado de la familia a la que Dios nos ha llamado, destruimos esa familia, tomando prestadas las palabras de Bonhoeffer. Al final, todo se desmorona. Entonces, ¿cuál podría ser un enfoque más eficaz, cuando la paciencia se agota y somos tentados a echar la fe junto con la familia? En lugar de huir a la primera señal de intranquilidad o molestia, quédate. Sé amable, tierno y perdona (Ef. 4:32). Busca la unidad, simpatiza

5.   Dietrich Bonhoeffer, *Life Together and Prayerbook of the Bible*, (Minneapolis: Fortress Press, 2008), 36. Como dice Sam Allberry: «La única iglesia perfecta es la asamblea celestial, y esta no se reúne a las 10:30 de la mañana cada domingo a poca distancia de tu casa. Así que hasta que seas llamado a unirte a la multitud alrededor del trono de Dios, eres llamado a pertenecer a una iglesia en la que otros se equivocarán, y tú también». Sam Allberry, *Why Bother with Church?: And Other Questions About Why You Need It and Why It Needs You*, (Purcellville, VA: The Good Book Company, 2016), 73.

y sé humilde (1 Ped. 3:8). Alégrate y llora con los que se alegran y lloran (Rom. 12:15). Sufre junto a los demás (1 Cor. 12:26) y soporta sus cargas (Gál. 6:2). Hazlo con la suficiente constancia, y la inquietud y molestia acabarán por remitir. A medida que conozcamos las historias que hay detrás de nuestros hermanos, incluso las de aquellos que antes parecían una molestia, la empatía crecerá gradualmente. Empezaremos a ver que, a pesar de todos sus defectos, la Iglesia es nuestra familia, una familia a la que pertenecemos eternamente.

DECONSTRUIR LAS CARACTERIZACIONES

Durante mis primeros años en la universidad, pasé por una deconstrucción de mi fe. En parte porque nadie parecía tener respuestas a mis preguntas, y en parte porque la iglesia, sin saberlo, me había infligido algunas heridas emocionales. Así que me alejé de la iglesia y de la fe.

Entonces, a principios de mis 20, un grupo de chicos, fieles seguidores de Jesús, me invitó a una reunión semanal los lunes por la noche. Comíamos pizza, jugábamos videojuegos y hablábamos con sinceridad. Aceptaron mis preguntas. Me ofrecieron sabiduría en las cosas grandes y pequeñas de la vida. Me invitaron a estudiar las Escrituras con ellos, abriendo mis ojos para ver y experimentar el texto de nuevas maneras. Llevaron mis cargas. Se alegraron conmigo y lloraron conmigo. Muy pronto, tomaron el martillo que yo usaba para deconstruir la fe, y lo cambiaron por herramientas de precisión mucho más útiles para deconstruir las caracterizaciones de la fe.

Esta es mi esperanza y mi oración para ti, que las luces cegadoras de las caracterizaciones en línea sucumban a la luz de Cristo; que Dios te guíe hacia otros que han atravesado los valles oscuros de la duda que ahora enfrentas, con Su Palabra como lámpara para tus pies y luz para tu camino (Sal. 119:105). Y que, a través de sus historias y sus vidas, puedas ver y experimentar de nuevo la fe genuina.

9

JUSTICIA SOCIAL:
¿RUPTURA O AVANCE?

THADDEUS WILLIAMS

¿Alguna vez has sentido que muchas iglesias cristianas de hoy no se preocupan por la justicia como deberían, como si estuvieran en el «lado equivocado de la historia»? Tal vez incluso has sentido que eso se ha convertido en un obstáculo para ti, que tu pasión por un mundo más justo podría ser profundamente gratificada si simplemente cortaras los lazos con la iglesia, con todo su bagaje y puntos ciegos. Si te ha herido la hipocresía en la iglesia o amas a alguien que lo ha sido, entonces tal vez ese impulso de renunciar se ha vuelto irresistible.

La conclusión de que el cristianismo no es el faro de justicia social que debería ser es un tema común en muchas historias de deconstrucción. Si este pensamiento se aplica a ti o a alguien que conoces, permíteme ofrecer cinco preguntas para la autorreflexión. Pero antes, una declaración. Combinar la palabra «social» con la palabra «justicia» es un poco como mezclar Mentos con refresco de cola. Altamente explosivo, en especial cuando no definimos nuestros términos. Movimientos tan diversos como los sindicatos, los grupos de defensa de los derechos de los homosexuales y el Partido Nazi estadounidense reclaman la bandera de la justicia social. Aunque en mi más reciente libro[1] analizo en detalle las diferentes definiciones, para nuestro propósito vamos a tener en cuenta una simple distinción. La *justicia social A* es el tipo de justicia que es profundamente compatible con una visión bíblica del mundo y la *justicia social B* no lo es. Teniendo en cuenta esta distinción, hagamos las cinco preguntas.

PREGUNTA 1: AL BUSCAR LA JUSTICIA SOCIAL ¿DISTINGO UNA RUPTURA DE UN AVANCE?

Muchas personas deconstruyen, no desde el cristianismo real, sino desde alguna falsa contraparte. Esto es cierto en el caso de amigos que he conocido y que han afirmado «romper» con Dios y con la fe cristiana por cuestiones de justicia social. Si estás pensando en romper con una versión del cristianismo que hace la vista gorda ante las injusticias en la tierra, entonces no estás rompiendo con el cristianismo, sino con el neognosticismo, lo que Francis Schaeffer llamó «superespiritualidad»[2] disfrazada de cristianismo. Todos deberíamos estar consternados por un supuesto cristianismo en el que la obra de Cristo no tiene implicaciones para la injusticia aquí y ahora. El señorío de Cristo, como predicaba Abraham Kuyper, se extiende por «cada centímetro cuadrado de todo el terreno de la existencia humana».[3] Como escribe una de mis poetas favoritas, Evangeline Paterson, «me crie en un ambiente cristiano en el que, como había que dar preeminencia a Dios, no se

---

1. *Confronting Injustice without Compromising Truth: 12 Questions Christians Should Ask About Social Justice*, (Grand Rapids, MI: Zondervan, 2020).
2. Ver Francis Schaeffer, *The New Super-Spirituality*, (Downers Grove, IL: InterVarsity, 1973).
3. Abraham Kuyper: *A Centennial Reader*, ed. James D. Bratt (Grand Rapids, MI: Eerdmans, 1998), 488.

permitía que nada más fuera importante. Me he abierto paso hasta la posición de que, dado que Dios existe, todo tiene importancia».[4]

Considera la posibilidad de replantear tu experiencia. ¿Y si lo que parece una ruptura es, en realidad, un avance? ¿Y si tu preocupación por la justicia es precisamente el tipo de ruptura que describe Paterson? ¿Y si es una señal de que estás superando un «cristianismo» neognóstico y de que estás creciendo más profundamente en sintonía con el Dios de la Biblia que se solidariza profundamente con los oprimidos (Prov. 17:5) y nos ordena buscar la justicia (Isa. 1:15-17; 58:6-10; Miq. 6:8)?

PREGUNTA 2: AL BUSCAR LA JUSTICIA SOCIAL, ¿ROMPO CON UN ESTEREOTIPO UNILATERAL DEL CRISTIANISMO?

Si me criaran en las profundidades de la selva amazónica, y de repente me dejaran caer en medio de la ciudad de Los Ángeles y me dieran un teléfono y una cuenta de Twitter, sacaría algunas conclusiones claras sobre el cristianismo: que los cristianos son fanáticos, fóbicos y muestran odio. Los cristianos han declarado la guerra a las mujeres, les gusta la supremacía blanca, no se preocupan por los pobres, odian a los musulmanes y a los homosexuales, son los mayores opresores de la tierra y lo han sido durante siglos. Esta es una imagen común del cristianismo en muchos círculos de justicia social B.

Necesitamos aclarar algunos hechos para ver a través de los estereotipos de las redes sociales y la propaganda partidista. Aquí un fragmento de hechos relevantes:

- Los cristianos rescataron a los bebés que habían sido arrojados como basura en los vertederos humanos del Imperio romano, generalmente por el simple hecho de ser mujeres, y los adoptaron como hijos amados.[5]

---

4. Joy Alexander, *In Conversation with Evangeline Paterson, Journal of the Irish Christian Study Centre*, vol. 4 (1989): 42.
5. Ver Thaddeus Williams, *Reflect: Becoming Yourself by Mirroring the Greatest Person in History* (Bellingham, WA: Lexham, 2018), 123–25.

- Los cristianos construyeron más hospitales y orfanatos que cualquier otro movimiento en la historia, al tiempo que ofrecían un marco sólido para los derechos humanos y la sexualidad, que ha aportado libertad y dignidad a millones de personas.[6]
- Los cristianos inspiraron el aumento vertiginoso de las tasas de alfabetización en todo el mundo, incluso introduciendo lenguas escritas en culturas que no las tenían y encabezaron los avances lingüísticos en el inglés, el francés y el alemán modernos.[7]
- Los cristianos inspiraron directamente la existencia de universidades, entre ellas St. Andrews, Oxford, Cambridge, Harvard, Princeton y muchas más, además de provocar la Revolución Científica bajo la convicción de que la ciencia existe «para la gloria de Dios y el beneficio de la raza humana».[8]
- Los cristianos organizaron movimientos de resistencia contra los nazis. El pueblo cristiano de Le Chambon, en el sur de Francia, ocultó y salvó a miles de judíos que huían de las SS de Hitler.[9]
- Los cristianos lideraron el movimiento para abolir la esclavitud no solo en Estados Unidos y el Reino Unido, sino también en la India, África, Medio Oriente y Sudamérica.[10]

Los creyentes que practican la justicia social A y sirven a sus comunidades no son meras reliquias del pasado. Un estudio realizado en 2018 en los Estados Unidos descubrió que los cristianos superan a todos los demás grupos en la provisión de alimentos a los pobres,

6. Ver Francis Schaeffer, *A Christian Manifesto*, (Wheaton, IL: Crossway, 2005), Kyle Harper, *From Shame to Sin: The Christian Transformation of Sexual Morality in Late Antiquity*, (Cambridge, MA: Harvard University Press, 2016), y Brian Tierney, *The Idea of Natural Rights*, (Grand Rapids: Eerdmans, 1997).

7. Ver Rodney Stark, *The Victory of Reason: How Christianity Led to Freedom, Capitalism, and Western Success*, (Nueva York: Random House, 2005).

8. Ver Ian Barbour, *Religion and Science: Historical and Contemporary Issues*, (San Francisco: HarperCollins, 1997), 3–32.

9. Ver Thaddeus Williams, *Love, Freedom, and Evil: Does Authentic Love Require Free Will?*, (Nueva York: Brill, 2011), 43–55.

10. Ver Tom Holland, *Dominion: How the Christian Revolution Remade the World*, (Nueva York: Basic Books, 2019), y Thomas Sowell, *Black Rednecks and White Liberals* (Nueva York: Encounter, 2006), 112–23.

en la donación de ropa y muebles a los pobres, en la oración por los pobres, en la entrega de tiempo personal para servir a los pobres en sus comunidades y en el servicio a los que están más allá de las fronteras estadounidenses.[11] Un estudio reciente de un grupo de investigación no religioso examinó una docena de comunidades religiosas de Filadelfia. Con una métrica de 54 puntos para determinar el efecto económico de estas congregaciones en sus comunidades, los investigadores descubrieron que una docena de congregaciones generaron $ 50 577 098 dólares en beneficios económicos para sus vecindarios en un solo año.[12] Además, las comunidades cristianas destacan hoy en día en la adopción, la crianza de niños, la lucha contra el tráfico de personas y el desarrollo de la comunidad.[13]

«Claro —responde el escéptico— ¿pero no instigaron también los cristianos las cruzadas, inquisiciones, quemas de brujas y otras atrocidades?». Lamentablemente, sí. Pero ¿qué creyentes crees que merecen el nombre de «cristianos», los que dignifican o los que deshumanizan a su prójimo? No caigas en ese juego. No se trata de seguir siendo cristiano o de abandonar la fe histórica para buscar la justicia. Por el contrario, hay que llevar la antorcha de una larga historia de justicia social cristiana A y participar en las iglesias contemporáneas que aman a los oprimidos precisamente porque aman a Jesús. Eso no es una ruptura con el cristianismo, sino una ruptura con una rica tradición cristiana en la que se toma en serio el mandato (no la sugerencia) de Dios de buscar la justicia (Isa. 1:17).

11. *Three Reasons to Have Hope about Global Poverty*, Barna Research Group, 16 de abril de 2018, https://www.barna.com/research/3-reasons-hope-global-poverty.

12. David O'Reilly, *A Study Asks: What's the Churches Economic Worth?*, *Philadelphia Inquirer*, 1 de febrero de 2011, https://www.inquirer.com/philly/news/religion/20110201_A_study_asks__What_s_a_church_s_economic_worth_.html.

13. También contradiciendo la narrativa de que los cristianos están típicamente en el lado equivocado de la historia actual de opresores-oprimidos, encontramos que «la persecución y el genocidio de los cristianos es peor ahora que "cualquier momento de la historia"». Esto incluye ser atacados, encarcelados, golpeados, violados, colgados, crucificados y bombardeados por reclamar a Jesús como Señor. Cada mes una media de 345 cristianos son asesinados por su fe, 105 iglesias o edificios cristianos son quemados o atacados, y 219 cristianos son detenidos sin juicio. «*Persecution According to the Bible*», *Open Doors USA*, https://www.opendoorsusa.org/what-is-persecution.

PREGUNTA 3: AL BUSCAR LA JUSTICIA SOCIAL ¿TOMO EN SERIO LAS HISTORIAS DE DESCONVERSIÓN DE OTROS CRISTIANOS?

Es común escuchar historias de personas que se alejan de la fe porque consideran que el cristianismo bíblico es asfixiante y juicioso, carente de verdadera justicia. Pero hay hermosas historias que señalan en la dirección opuesta. Algunos encuentran una profunda liberación cuando deconstruyen las ideologías de la justicia social B de moda y descubren la justicia en la fe cristiana histórica. En palabras de Monique Duson, fundadora y directora del Centro para la Unidad Bíblica: «Con [mi] constante enfoque en los malvados sistemas me había convertido en una inconsciente del mal en mi propio corazón [...]. Según el cristianismo histórico, la salvación es la buena noticia de la vida, la muerte y la resurrección de Jesús para que los pecadores de todos los colores puedan ser salvados por un acto gratuito de la gracia divina. Mi ideología me había alejado de esa buena noticia y me había llevado a un evangelio de justicia social en el que la obra terminada de Jesús no era suficiente».[14] En palabras de Edwin Ramírez:

> No me di cuenta del resentimiento que albergaba [...]. Entonces el Señor me abrió los ojos y me liberó en un lugar inesperado, una iglesia rural, predominantemente blanca [...]. Al recorrer el salón, mis ojos se detuvieron en una señora mayor cuyo rostro estaba lleno de gozo mientras adoraba a nuestro Dios. Entonces me di cuenta: «Esa señora es mi hermana en Cristo» [...]. Había estado tan cegado por una ideología que dividía a las personas por el color de su piel que me perdí la bendición de ver la suficiencia de la expiación de Cristo.[15]

Esta deconstrucción de las ideologías de justicia social asfixiante es común, aunque no se vea lo suficiente.[16] Si crees que abandonando

---

14. La historia de Monique en *Confronting Injustice without Compromising Truth*, 107-8.
15. La historia de Edwin en *Confronting Injustice without Compromising Truth*, 51-52.
16. Recomiendo encarecidamente la historia de Alisa Childers en *Another Gospel? A Lifelong Christian Seeks Truth in Response to Progressive Christianity*, (Carol Stream, IL: Tyndale Momentum, 2020).

el cristianismo histórico por las ideologías de justicia social de moda te librarás de la hipocresía, te animo a que escuches con atención estas historias de desconversión. El dogmatismo, la exclusión y el fariseísmo no son solo problemas de la Iglesia, sino que son problemas humanos.

PREGUNTA 4: AL BUSCAR LA JUSTICIA SOCIAL ¿ESTOY REEMPLAZANDO EL FRUTO DEL ESPÍRITU CON RESENTIMIENTO, AUTOJUSTIFICACIÓN E IRA?

La búsqueda de la verdadera justicia da frutos justos; la justicia falsa no. ¿Tu búsqueda de la justicia produce amor, gozo, paz, paciencia, bondad y los demás frutos del Espíritu Santo, o está fomentando frutos podridos? ¿Estás lleno de sospechas, ansiedad y amargura? ¿Supones que la intolerancia, el odio y la ignorancia son las mejores o las únicas explicaciones de por qué otros no están de acuerdo contigo?[17] ¿Amas a los portadores de la imagen de Dios que tienes ante ti, o te permites prejuzgar por el tono de la piel, el género o el estatus? Como reflexionaba un exdefensor de la justicia social B: «no me relacionaba con los individuos como individuos, sino como porcelana, pensando siempre en primer lugar en las identidades de grupo que habitábamos». Esto lo dejó «exhausto y misántropo».[18] Ramírez vuelve a expresarlo mejor que yo:

¿Qué efecto tiene en tu alma la lectura de la opresión en prácticamente toda la vida? ¿Qué es lo primero que ves cuando te encuentras con un compañero cristiano, su identidad «en Cristo» como tu hermano o hermana, o si su apariencia le sitúa en el grupo de los oprimidos o de los opresores? Sé por experiencia cómo un noble deseo de justicia puede sustituir el amor en nuestros corazones por el resentimiento y el odio. Lo

17. Como advierte Thomas Schreiner: «Cuidado con acusar a alguien de estar fuera de los límites de la ortodoxia cuando en realidad la única cuestión es que no está de acuerdo contigo». Thomas Schreiner, *Beware Theological Dangers on Both Left and Right*, The Gospel Coalition, 18 de agosto de 2018, https://www.thegospelcoalition.org/article/orthodoxy-dangers-left-right/.

18. Conor Barnes, *Sad Radicals*, Quillette, 11 de diciembre de 2018, https://quillette.com/2018/12/11/sad-radicals.

sé porque me ha pasado a mí. Pero por la gracia de Dios, y solo por la gracia de Dios, he sido liberado. Ruego que tú también puedas cambiar la sospecha y la ira […] por el amor y el gozo del evangelio de Cristo.[19]

PREGUNTA 5: MIENTRAS BUSCO LA JUSTICIA SOCIAL ¿HAGO CASO A LA SABIDURÍA DE JOHN PERKINS?

John Perkins es uno de mis héroes, una leyenda viva del movimiento por los derechos civiles al que me siento orgulloso de llamar hermano, mentor e incluso amigo. Es un campeón de la justicia social A. Su vida muestra cómo se puede perseguir la justicia durante más de 60 años sin comprometer el evangelio. A continuación, sus cuatro advertencias para la próxima generación que busca la justicia:

> Primero, *¡empieza con Dios!* […]. Si no empezamos con Él primero, sea lo que sea que busquemos, no será justicia. En segundo lugar, *¡seamos uno en Cristo!* Los hermanos cristianos, negros, blancos, morenos, ricos y pobres, somos una familia […]. Si damos pie a cualquier tipo de tribalismo que pueda romper esa unidad, entonces no estamos llevando la justicia de Dios. En tercer lugar, *¡predica el evangelio!* El evangelio de la encarnación de Jesús, Su vida perfecta, Su muerte como nuestro sustituto y Su triunfo sobre el pecado y la muerte es una buena noticia para todos […]. Si reemplazamos el evangelio con esta o aquella agenda política hecha por el hombre, entonces no estamos haciendo justicia bíblica. Cuarto y último, *¡enseña la verdad!* Sin la verdad, no puede haber justicia. ¿Y cuál es la norma suprema de la verdad? No son nuestros sentimientos. No es la opinión popular. No es lo que dicen los presidentes o los políticos. La Palabra de Dios es la norma de la verdad. Si nos esforzamos más por alinearnos con las opiniones de moda que con la Biblia, entonces no estamos haciendo verdadera justicia.[20]

Tus más profundos anhelos de justicia solo pueden ser satisfechos dentro de una profunda y rica fe cristiana. No abandones tu búsqueda de la justicia; de hecho, llévala más lejos. Vuelve a ver tu ruptura

---

19. La historia de Edwin en *Confronting Injustice without Compromising Truth*, 52.
20. John Perkins, prólogo, *Confronting Injustice without Compromising Truth*, xv–xvi.

como un avance. En lugar de abandonar la iglesia, quédate y trabaja para mostrar lo hermosa y convincente que puede ser la justicia cuando empezamos con Dios, defendiendo la unidad, proclamando el evangelio del cristianismo histórico y siguiendo Su Palabra como norma de verdad.

10

CIENCIA: POR QUÉ EL CIENTISMO NO PUEDE EXPLICAR LA MORAL NI LA REALIDAD

KEITH PLUMMER

Todos los semestres les pido a mis alumnos de clase de apologética cristiana que entrevisten a un no cristiano con preguntas que he preparado. No quiero que inicien un debate con la persona; solo quiero que se sientan cómodos haciendo preguntas a personas que no comparten sus creencias, que practiquen la habilidad de escuchar y que comprendan mejor el pensamiento no cristiano.

Estas son algunas de las preguntas: «¿Hay algo que pueda persuadirte de que el cristianismo es verdadero? Si es así, ¿qué? Si no, ¿por qué?». Mis alumnos suelen escuchar peticiones de pruebas empíricas o sensoriales. Algunos describen esto como la necesidad de pruebas «tangibles», mientras que otros hablan de la necesidad de pruebas «científicas» para la existencia de Dios o la posibilidad de milagros.

En ambos casos, la gente parece suponer que solo lo que puede ser confirmado científicamente es digno de ser llamado «evidencia». Tal vez esa sea también tu suposición, y una razón por la que estás deconstruyendo tu fe. Si es así, creo que estás pidiendo lo imposible a la ciencia.

La ciencia es un medio maravilloso para descubrir el funcionamiento del mundo natural. Pero pretender que la realidad se limita a lo que somos capaces de detectar con nuestros sentidos es, como ha dicho el filósofo Alvin Plantinga, como si un borracho buscara las llaves de su coche perdido bajo la luz de la calle porque es más visible ahí. Es una forma de naturalismo o materialismo, una visión que sostiene que el mundo natural es todo lo que existe. Esta afirmación no es de naturaleza científica, sino filosófica. No es una conclusión científica sino un precompromiso ideológico sobre la naturaleza de la realidad.

EL PROBLEMA DEL CIENTISMO

La exigencia de que la existencia de Dios esté sujeta a la verificación científica no da cuenta del tipo de ser que el cristianismo afirma que es. Es tratar a Dios como si fuera simplemente una parte de la creación en lugar de aquel que, según la Biblia, es responsable no solo de crear todo lo que no es Él mismo, sino también de mantener su existencia. Como proclamó el apóstol Pablo a los filósofos de Atenas, Él es el «Señor del cielo y de la tierra» que «hizo el mundo y todo lo que hay en él» (Hech. 17:24). Dado que toda la creación debe su existencia original y continua a Dios, no debemos esperar que sea detectable como si fuera una simple pieza más del mobiliario de la naturaleza. Él trasciende cualitativamente lo que ha hecho; no es una parte de ello. Decir que solo se puede creer que el Dios de la Biblia existe si la ciencia empírica lo confirma es, en esencia, decir que solo se creerá que el cristianismo es verdadero si es distinto de lo que es.

La exigencia de pruebas científicas o empíricas no solo no reconoce los límites de la ciencia, sino que restringe artificialmente el significado de evidencia. No estoy dispuesto a admitir la ausencia de descubrimientos científicos que sean consistentes y apoyen una perspectiva cristiana. Pero, en aras del argumento, la narrativa bíblica sigue dando sentido a los fenómenos existenciales comunes a la humanidad, como nuestras aspiraciones de justicia, nuestra creencia en los derechos humanos, nuestra apreciación de la belleza y la inevitabilidad de emitir juicios morales sobre el comportamiento humano. Puede que estos valores no sean científicos, pero aun así deben ser reconocidos como evidencia. Son simplemente otro tipo de pruebas.

La creencia de que la ciencia es la única forma de saber lo que es verdadero o real se llama «cientismo». Muchos, aunque nunca hayan oído la palabra, dan por sentado el cientismo como si fuera evidente. Está tan arraigado en las mentes de algunas personas que consideran a cualquiera que se atreva a rebatirlo como retrógrado y anticientífico. Pero eso es confundir ciencia y cientismo. Se puede (y, como sostengo, se debe) rechazar el cientismo sin menospreciar la ciencia. Incluso al margen de la evaluación de las afirmaciones del cristianismo, el cientismo es intelectual y existencialmente defectuoso. Me gustaría examinar solo algunos problemas del cientismo que tal vez no hayas considerado, incluyendo una dificultad importante relacionada con la cuestión de si el cristianismo justifica su confianza.

Quizás el mayor déficit intelectual del cientismo es que se refuta a sí mismo. No cumple con su propia norma. Recuerda que, según el cientismo, la ciencia es la única forma de saber lo que es verdadero o real. Si algo no ha sido verificado por la ciencia, no está justificado decir que sabemos que es verdadero o real. Podemos decir que lo creemos, pero no podemos afirmar legítimamente que lo sabemos. El problema para el cientismo surge, sin embargo, cuando preguntamos: «¿Cómo sé que la ciencia es el único medio para conocer lo que es verdadero o real?». Si esa afirmación es realmente cierta, entonces la única respuesta aceptable a esa pregunta tendría que ser «la ciencia dice». Si apelamos a cualquier otra cosa que no sea la ciencia para responder a la pregunta, habremos negado su afirmación exclusiva. Pero aunque la frase hace una afirmación sobre la ciencia, no es una afirmación científica. No hay forma de establecer su verdad sobre la base de la experimentación o la experiencia sensorial. Eso es porque no es una conclusión científica, sino un compromiso filosófico con una teoría particular sobre los medios y el alcance de nuestro conocimiento.

Pero la autorrefutación no es el único problema del cientismo. También tiene un alto costo existencial. Por ejemplo, si realmente fuera cierto que la ciencia y la experiencia sensorial son los únicos medios para llegar al conocimiento verdadero, entonces tendríamos que admitir que hay muchas cosas que suponemos que sabemos y que en realidad no podemos saber. Por ejemplo, aunque no seas historiador, probablemente crees que tienes algún conocimiento de los acontecimientos pasados (a nivel mundial, nacional y local). ¿Se basa tu conocimiento de alguna de esas cosas en la ciencia o en la confirmación empírica? No, porque el conocimiento histórico no es el resultado de la experimentación y la observación repetidas. Gran parte de nuestro conocimiento del pasado depende del testimonio de personas que vivieron en esa época. Pero si el cientismo fuera cierto, tendríamos que renunciar a cualquier pretensión de conocimiento histórico, ya que no sería el hallazgo de la ciencia. Incluso las pretensiones de conocimiento del pasado reciente, incluido el nuestro, tendrían que abandonarse si la ciencia es el único medio de conocer lo que es verdadero o real. No me cabe duda de que he almorzado un burrito de pollo poco antes de escribir este párrafo. Pero mi conocimiento de esa deliciosa comida no se basa en la ciencia. Por supuesto, alguien podría hacerme un lavado de estómago y verificar que, en efecto, consumí lo que afirmo; eso sería un hallazgo de la ciencia. Pero eso no significa en absoluto que mi confianza en lo que comí no sea conocimiento verdadero.

CONOCIMIENTO MORAL

El conocimiento moral es otra víctima del cientismo. Cuando se insiste en que la verdad se limita a la verificabilidad científica, hay que eliminar todas las afirmaciones relativas al conocimiento del bien y el mal, la justicia y la injusticia, y la obligación moral. La ciencia no es capaz de detectar o determinar la existencia de entidades como los valores y deberes morales objetivos, ya que no son susceptibles de ser percibidos por los sentidos. Pero ¿estás dispuesto a negar por ello que sean reales? Para ser coherente con el cientismo, debes hacerlo.

Para ilustrar este punto, pido a los alumnos que imaginen esta situación: a un participante dispuesto, le aplico una serie de dispositivos para controlar la actividad física, como la presión arterial, el ritmo cardíaco, la transpiración, la actividad cerebral, etc. Imaginemos que aplico al mismo individuo crecientes descargas eléctricas a través de electrodos colocados en varias partes de su cuerpo. A lo largo del experimento, un asistente supervisa los dispositivos de seguimiento de sus constantes vitales. ¿Qué observará el asistente? Sin duda, encontraremos que a medida que aumenta el voltaje, habrá un aumento correspondiente en el corazón, la presión sanguínea y los índices de transpiración. Probablemente oiríamos vocalizaciones y gritos cada vez más fuertes a medida que avanzara el experimento.

¿Qué podríamos concluir legítimamente de este experimento? Podríamos llegar a la conclusión de que el aumento de la tensión eléctrica aplicada a un sujeto vivo produce un dolor creciente acompañado de una serie de elevaciones observables en los sistemas corporales que hemos monitorizado. Lo que no podríamos concluir, con base en lo observado, es que uno no debería infligir ese dolor a otro. No podríamos decir, en otras palabras, que está mal hacerlo. Las obligaciones morales simplemente no son el tipo de cosas que la ciencia puede detectar o cuantificar.

Pero permíteme preguntarte algo. ¿Sabes que está mal infligir un dolor insoportable a otra persona? ¿Sabes que está mal abusar física o mentalmente de otra persona? Si el cientismo es cierto, no lo sabes y no puedes saberlo. No hay una tercera vía. O abandonas el cientismo o tu pretensión de conocer las verdades morales; no puedes tener ambas cosas. Si la indignación moral ante la injusticia, el sufrimiento, el abuso y la crueldad percibidos ha de ser algo más que una mera expresión de preferencia personal o de grupo, debe basarse en algo real, inmutable y que no es obra nuestra.

OBJECIONES MORALES

La desilusión moral y el desencanto con el cristianismo pueden ser razones para pensar en abandonar la fe que una vez profesaste. Muchas de las objeciones al cristianismo que escucho últimamente son de naturaleza moral. Tal vez has sido gravemente herido por la iglesia o por alguien que profesa seguir a Jesús. O tal vez las recientes revelaciones sobre los pecados y la hipocresía de líderes cristianos muy respetados te han llevado a preguntarte si el cristianismo es verdadero. O tal vez, al ver la cobertura continua del sufrimiento causado por la COVID-19, las luchas raciales, la polarización política y diversas formas de injusticia y deshumanización, has llegado a la conclusión de que el Dios que una vez dijiste amar probablemente no está ahí después de todo. Tienes una idea de cómo deberían ser las cosas, pero es evidente que no son así. En lo más profundo de tu ser hay una sensación persistente de que la vida está rota. Haces evaluaciones morales ineludibles basadas en lo que consideras normas morales reales. Tienes una sensación de indignación moral que solo tiene sentido si existen el bien y el mal, la justicia y la injusticia. Si te aferras al cientismo, estás socavando tus objeciones morales a la fe.

C. S. Lewis, el apologista cristiano que pasó muchos años de su vida como ateo, cuenta el efecto que tuvo en él esta constatación. Su argumento contra Dios se había basado durante mucho tiempo en la aparente injusticia y crueldad del universo. Pero entonces se hizo una pregunta que, si no te la has hecho ya, espero te la hagas: «¿Cómo había llegado a esta idea de *justicia e injusticia*?» Y añadió:

> Un hombre no detecta una línea torcida a menos que tenga alguna idea de una línea recta. ¿Con qué estaba comparando este universo cuando lo llamaba injusto? Si todo el espectáculo era malo y sin sentido de la A la Z, por así decirlo, ¿por qué yo, que se suponía que formaba parte del espectáculo, me encontraba en una reacción tan violenta contra él?

Lewis se dio cuenta, con razón, de que si el universo era todo lo que había y estaba plagado de sinsentidos (porque no hay ningún «maligno» detrás de él), entonces no había nada que explicara su oposición a la forma de las cosas. Él solo sería una parte más del sinsentido. A continuación, hizo un punto crucial sobre la relación entre su argumento contra Dios y la necesidad de una norma objetiva de justicia:

> Por supuesto que podría haber renunciado a mi idea de justicia diciendo que no es nada más que una idea privada mía. Pero si hiciera eso, mi argumento contra Dios se derrumbaría también, ya que el argumento dependía de decir que el mundo era realmente injusto, no simplemente que no se ajustaba a mis fantasías privadas.

Me desagradan mucho las habas. Las he despreciado desde la infancia, cuando mi madre insistía en que las comiera en las raciones de verduras. Su consistencia y sabor me resultaban tan desagradables que hacía lo posible por tragármelas. Décadas más tarde, si mi mujer sirve verduras con habas, intento tragarlas lo más rápido posible sin morderlas ni sentir su textura. ¿Qué pasaría si propusiera un argumento, llamémoslo «el problema de las habas», que estableciera que un Dios bueno y todopoderoso no puede existir porque las habas existen, y a mí no me gustan? ¿Te parecería un argumento convincente? Espero que no. La existencia de Dios y mi aversión por las habas no están relacionadas. No se deduce que Dios no pueda existir porque haya permitido cosas que yo no prefiero. Ni siquiera podríamos deducir esto si encuentro un gran grupo de personas que odian las habas. Los gustos personales y colectivos siguen siendo subjetivos. Mi afirmación de que las habas son desagradables te da una idea de mis preferencias, pero no te dice nada sobre la naturaleza de las habas.

A esto es a lo que quería llegar Lewis cuando dijo que su argumento contra Dios fallaba si su idea de justicia era simplemente una «idea privada mía». El hecho de que llamara injusta a la vida sería del mismo orden que el hecho de que yo dijera «las habas son asquerosas», una mera articulación de su gusto personal que en realidad no decía nada sobre el mundo fuera de él mismo. Para que su evaluación de que el universo era injusto tuviera algún peso, tenía que haber una norma real y absoluta de bondad y justicia mediante la cual él hiciera su evaluación. Esto lo llevó a concluir:

> Así, en el mismo acto de intentar demostrar que Dios no existe —en otras palabras, que toda la realidad carece de sentido— me encontré con que me veía obligado a suponer que una parte de la realidad —a saber, mi idea de justicia— estaba llena de sentido. Si todo el universo no tiene sentido, nunca habríamos descubierto que no lo tiene: al igual que, si no hubiera luz en el universo y, por tanto, no hubiera criaturas con ojos, nunca habríamos sabido que estaba oscuro. La oscuridad no tendría sentido.[1]

Antes de llegar a la conclusión de que no hay pruebas para el cristianismo, considera que tu intuición moral da testimonio del Dios de la Biblia. El cristianismo da sentido a la inevitabilidad de emitir juicios morales sobre los demás y sobre nosotros mismos. Podemos tratar de negarlo con todas nuestras fuerzas, pero no podemos evitar, en algún nivel, pensar que hay una línea recta moral y que cualquier desviación de ella es mala. Uso la palabra «cualquier» porque tendemos a reservar la palabra «maldad» para lo que consideramos las mayores atrocidades (normalmente las que no cometemos nosotros mismos). Pero al igual que cualquier desviación de una línea perfectamente recta constituye una torcedura, cualquier desviación de la bondad pura es el mal. Y eso es un problema para cada uno de nosotros, para el que solo la fe cristiana es la solución.

1.   C. S. Lewis, *Mere Christianity*, (orig., 1952; Nueva York: Touchstone, 1996), 46.

11

EL ANTIINTELECTUALISMO: DEBEMOS HACER PREGUNTAS DIFÍCILES

KAREN SWALLOW PRIOR

«La literatura es basura».

Así me lo hizo saber a mí, profesora de inglés, un estudiante de primer año de universidad. El estudiante, que se estaba especializando en ciencias, se sentía indignado por los requisitos de inglés en el plan de estudios de la universidad. Si los cristianos tienen que leer literatura, dijo, esta debe ser explícitamente cristiana. Incluso los mejores clásicos son «una pérdida de tiempo», se quejó. Shakespeare puede ser inteligente, pero no es edificante.

Opiniones como la suya no eran nuevas para mí. Pero pocas veces las había encontrado en alguien tan joven y seguro. Y en la universidad. Cuando compartí con él una base bíblica para estudiar y disfrutar de la literatura, respondió disertando sobre las doctrinas del presuposicionalismo, sobre los fracasos del enfoque apologético de Pablo en la Colina de Marte, sobre las glorias del evangelio puro no contaminado por las ideas mundanas. Parecía un caso perdido.

En pocos años, había renunciado a su fe.

Ahora, ha encontrado su lugar entre otros jóvenes ateos que expresan hostilidad y desprecio hacia las creencias religiosas, especialmente el cristianismo. Una vez le pregunté cómo se había producido esta deconstrucción. Dijo que el encuentro con ideas a las que nunca había estado expuesto lo llevó a reconsiderar todo lo que le habían enseñado, especialmente algunas afirmaciones de los cristianos en su área de estudio que ahora considera falsas.

Aunque al principio me sorprendió un giro tan drástico, cuanto más reflexionaba sobre él, más comprendía que era de esperar. Me gustaría poder decir que su trayectoria de creyente sincero e incuestionable a escéptico cínico e incrédulo fue inusual. Pero después de más de dos décadas de enseñar a estudiantes universitarios en un contexto evangélico, sé, por desgracia, que no lo es.

La gente abandona su fe por diversas razones, por supuesto. Pero en mi contexto particular enseñando a jóvenes cristianos en instituciones cristianas, el obstáculo que encuentro más a menudo es el antiintelectualismo.

EL PROBLEMA

El antiintelectualismo tiene un significado bastante específico. No se trata simplemente de oponerse al uso del intelecto; más bien, se opone al intelectualismo, que sitúa el intelecto por encima de todo. El intelectualismo surgió en la era moderna al situar la razón por encima de todas las demás fuentes de conocimiento. El antiintelectualismo es una reacción igual y opuesta a este cambio, como se ve en la forma en que el diccionario lo define como la oposición a «los intelectuales y a las modernas teorías académicas, artísticas, sociales, religiosas y otras asociadas a ellos». Es propio de la naturaleza humana reaccionar ante un extremo oscilando hacia el extremo opuesto, cambiar una forma de fundamentalismo por otra. Pero a menudo la verdad y la virtud residen en el equilibrio, y el antiintelectualismo crea una especie de enfoque de «todo o nada» que al final fracasa.

El escenario de muchas tensiones aparentemente irresolubles entre la fe y la razón suele ser la ciencia. Esto tiene sentido, dado el papel definitorio de la ciencia en la modernidad. Los inicios de la modernidad estuvieron profundamente ligados al pensamiento cristiano. Durante siglos, muchos de los descubrimientos científicos más revolucionarios e innovadores fueron realizados por quienes se adhirieron a la fe cristiana, y la iglesia apoyó activamente el avance de ese conocimiento.[1] Pero con el tiempo, especialmente en el siglo XIX con el auge del darwinismo y la alta crítica, la Iglesia simplemente no pudo competir con las teorías científicas que planteaban crecientes desafíos a la creencia cristiana.

La palabra «ciencia» viene del latín para «conocimiento». Es significativo que la palabra que ahora se utiliza para referirse al estudio del mundo físico y material se refiriera originalmente a todo tipo de conocimiento. Esta combinación es bastante reveladora: sugiere una visión del mundo en la que todo el conocimiento es del tipo científico, sin dejar espacio para cosas como la inteligencia emocional, la intuición o la revelación sobrenatural.

Sin embargo, al entrar en lo que algunos llaman la era posmoderna, el rechazo de las rígidas categorías científicas se hizo más común. Aunque este nuevo paradigma conlleva riesgos, también abre la posibilidad de una comprensión más holística que considera que la razón y la fe son menos opuestas de lo que se pensaba. Muchos jóvenes cristianos están siendo discipulados en el marco de una cosmovisión cristiana, enseñándoles a integrar todos los aspectos de la vida en un marco bíblico, y están dando buenos frutos: resistiendo a los

---

1. Ver, por ejemplo, Stephen M. Barr, *Modern Physics and Ancient Faith*, (Notre Dame, IN: University of Notre Dame), 2006.

intentos de aislar cualquier área de la vida de otra, haciendo preguntas, buscando la comprensión, y esforzándose por la coherencia lógica de la que carecen muchas de nuestras categorías modernas.

La Iglesia necesita esta corrección de rumbo.

Sin embargo, al estar todavía muy condicionadas por las batallas modernistas, muchas iglesias de hoy se quedan atrás con respecto a estos jóvenes creyentes. Los antiguos credos, confesiones y doctrinas que definen a la Iglesia universal no han cambiado ni pueden cambiar. Pero la aplicación de estas verdades dentro de cualquier cultura humana particular reflejará inevitablemente las cualidades y peculiaridades de su época.

NECESITAMOS UN TRIAJE TEOLÓGICO

Esta es una de las razones por las que los teólogos a lo largo de la historia han «establecido una distinción entre las creencias esenciales y las no esenciales», como explica Gavin Ortlund.[2] No diferenciar entre las doctrinas de primer, segundo y tercer nivel, escribe Randall Rauser, anima a los creyentes a confundir «una interpretación del cristianismo con el cristianismo mismo». Cuando un «número excesivo de doctrinas y prácticas» se eleva «al nivel de lo no negociable», se crea «una fe de castillo de naipes», y si se rechaza alguna doctrina, «todo el edificio se derrumbará».[3]

Erica Carlson, profesora de física cristiana en la Universidad de Purdue, dice que esta falta de una clasificación teológica crea una «teología de cristal». Al igual que un coche de cristal sin amortiguadores, esa fe se hunde al chocar con cualquier bache de la carretera. Este fenómeno es particularmente común entre los jóvenes cristianos que llegan a la universidad mal equipados para conciliar las afirmaciones retadoras que compiten entre el cristianismo y la academia.

2.   Gavin Ortlund. *Escoge tus batallas: El caso del triaje teológico* (Grand Rapids, MI: B&H Publishing Group, 2022), 30.

3.   Randall Rauser, *The Problem of Christians Becoming Atheists*, The Christian Post, 21 de diciembre de 2018, https://www.christianpost.com/voices/the-problem-of-christians-becoming-atheists.html.

Como resultado, se sienten obligados a elegir entre ellas. Pero cuando los cristianos sostienen sus creencias teológicas dentro de una jerarquía que asigna a las doctrinas fundamentales un valor superior al de las secundarias, es menos probable que abandonen ese núcleo cuando las no esenciales encuentran fricciones.[4]

HAMBRE DE RESPUESTAS

Los jóvenes cristianos que conozco no quieren una «teología de cristal» o una «fe de naipes». Tienen hambre de una fe profunda y robusta. De hecho, la sobreprotección, la superficialidad y la actitud anticientífica son algunas de las características de la iglesia que han alejado a los jóvenes.[5] Muchos de los cristianos jóvenes que participaron en un estudio afirmaron sentir que «se les han ofrecido respuestas ingeniosas o a medias a sus preguntas, y rechazan el enfoque de "marionetas" o "puntos de vista" que es común en su experiencia».[6] Escucho historias como esta de jóvenes cristianos frustrados una y otra vez.

Una señorita me contó su experiencia al crecer en la iglesia: «Siento que mi cerebro estuvo dormido durante casi 40 años». Otra recuerda con amargura a un pastor mayor que dijo que estudiar griego y hebreo no era útil para estudiar la Biblia y que usar comentarios bíblicos puede impedir la obra del Espíritu Santo. Otro cristiano más joven fue advertido por sus compañeros de la iglesia de que su decisión de asistir a un seminario le haría perder su «fe sencilla». Los padres de un joven profesor que conozco desprecian tanto la educación superior que, aunque su hijo sigue siendo cristiano y enseña en una universidad cristiana, lo perciben con desconfianza como parte de una fuerza liberalizadora mayor que solo corrompe a los fieles. Mi amigo soporta la silenciosa desaprobación de sus padres como una herida profunda, dolorosa e innecesaria que permanece más allá de toda reparación

4. Erica Carlson, *Can I Ask That in Church?*, Southeastern Baptist Theological Seminary, https://www.youtube.com/watch?v=kBA9YTWnFVA.

5. David Kinnaman, *You Lost Me: Why Young Christians Are Leaving Church... and Rethinking Faith* (Ada, MI: Baker Books, 2016).

6. Kinnaman, *You Lost Me*, 4.

humana. Los artistas cristianos pueden sentirse especialmente solos en la iglesia. La sensación de que sus dones son rechazados los lleva con frecuencia a marcharse. Incluso los cristianos que aprecian el arte se sienten a menudo desanimados por la mala calidad y los mensajes de la cultura popular cristiana. Y este problema es más que una cuestión de mero gusto. Como escribió Dorothy Sayers sobre el «arte religioso de mala calidad, débil y sentimental»:

> Hay almas piadosas que se reconfortan con materiales de mala calidad y con himnos y música descuidados (aunque podrían haberse alimentado con un mejor material). Pero miles de personas al verlo y al escucharlo, han dicho: «Si el cristianismo fomenta ese tipo de cosas, debe tener un problema en su interior».[7]

MI HISTORIA

Al crecer en la iglesia, no consideré que mi amor por los libros, especialmente los que desafiaban cualquier tipo de pensamiento convencional, tuviera un lugar en la vida de un cristiano. Como muchos otros, pensé que tenía que elegir entre la vida intelectual y mi amor por Dios. Así que durante un tiempo elegí el intelecto. En realidad, nunca dudé de Dios ni de las principales creencias cristianas; simplemente no sabía cómo encajaban, ya que no se me había mostrado cómo.

Irónica y tristemente, fue necesario que un profesor no creyente de mi universidad secular me mostrara la profunda y rica tradición de pensadores cristianos que tenemos por herencia. Comenzó con un debate sobre un tratado del poeta del siglo XVII John Milton, que sentó las bases de los conceptos modernos de libertad de expresión y libertad de prensa. Muchos otros escritores que tratamos en mis clases (en las que, hasta donde yo sabía, era la única cristiana) eran también cristianos serios: Miguel de Cervantes, Daniel Defoe, Alexander

---

7.   Citado en Gina Dalfonzo, *Dorothy and Jack: The Transforming Friendship of Dorothy L. Sayers and C. S. Lewis*, (Grand Rapids, MI: Baker Books, 2020), 75.

Pope, Jonathan Swift, Samuel Richardson, Mary Rowlandson, Jane Austen, William Wordsworth, Samuel Taylor Coleridge, Charlotte Brontë, Charles Dickens y T. S. Eliot. Estos fueron creyentes, y hay muchos otros más allá de mi limitado campo de experiencia, cuyas palabras dieron forma al mundo y sobre los que innumerables estudiosos siguen investigando y escribiendo hoy en día.

Cuando más tarde amplié mis estudios a la estética y la filosofía, descubrí un conjunto de mentes cristianas brillantes a las que se les asignaba un peso significativo dentro de la comunidad académica: Agustín de Hipona, Francisco Bacon, Desiderio Erasmo, Blaise Pascal, John Locke, Frederick Douglass, Søren Kierkegaard, Ludwig Wittgenstein y Simone Weil, por nombrar solo algunos.

Y luego están los artistas, inventores e innovadores (los «creadores», podríamos decir) que se encuentran a lo largo de la historia y en la actualidad: Johannes Gutenberg, Leonardo da Vinci, J. S. Bach, René Descartes, Robert Boyle, Isaac Newton, Johann Wolfgang von Goethe, Wolfgang Amadeus Mozart, Gregor Mendel, George Washington Carver, Vincent Van Gogh, Graham Greene, Shusaku Endo, Marilynne Robinson, Toni Morrison, Francis Collins y Makoto Fujimura.

Al encontrarme con todos ellos, me di cuenta de que mi comprensión de la tradición intelectual cristiana era estrecha, limitada a mi experiencia. La tradición intelectual de la Iglesia, de 2000 años de antigüedad, es, de hecho, profunda y amplia, rica y gloriosa. Al basar mi comprensión en poco más que mi experiencia, era, irónicamente, culpable de la misma vista corta de la que acusaba a los demás.

HUMILDE CUESTIONAMIENTO

Ciertamente, en la tradición cristiana hay una larga corriente de antiintelectualismo, desde el misticismo de la obra anónima medieval *La nube del desconocimiento*, pasando por el separatismo adoptado por muchos fundamentalistas estadounidenses en el siglo xx, hasta la aceptación generalizada de las teorías de la conspiración por parte de muchos cristianos en la actualidad. Aun así, el antiintelectualismo entre los cristianos no es solo un problema en las iglesias;

es un problema dentro del Estados Unidos contemporáneo. Ya en 1963, la obra de Richard Hofstadter *Anti-Intellectualism in American Life* [Antiintelectualismo en la vida estadounidense] se consideró tan importante que ganó el premio Pulitzer.[8] De manera más reciente, la obra de Tom Nichols *The Death of Expertise* [La muerte de la experiencia] examina el antiintelectualismo desenfrenado de hoy en día en nuestra sociedad en forma de una creciente hostilidad hacia la autoridad de los expertos.[9] Nichols atribuye este fenómeno, paradójicamente, a nuestros mayores logros educativos y al mayor acceso a la información y el conocimiento. En otras palabras, armados con un poco de educación y un poco de información, a menudo somos capaces de confiar más en nuestras opiniones menos informadas que en los conocimientos de los expertos. Al igual que el nuevo estudiante proverbial (literalmente, un «tonto sabio»), comprobamos las palabras del poeta del siglo XVIII Alexander Pope cuando reflexionaba: «Un poco de conocimiento es algo peligroso».

El camino de la virtud, en materia de intelecto, como en todas las cosas, es evitar tanto el extremo de la deficiencia como el del exceso. Es bueno que los que tenemos la capacidad y la oportunidad de perseguir la vida intelectual administremos bien ese don y animemos a otros a hacer lo mismo, sin despreciar a los que tienen menos educación u oportunidad. La búsqueda intelectual sin humildad intelectual es infructuosa.

HACER PREGUNTAS DIFÍCILES

En Su ministerio en la tierra, a Jesús le encantaban las preguntas difíciles. Las aceptaba de los demás y las hacía Él mismo. Ordenó a Sus seguidores: «Ama al Señor tu Dios con todo tu corazón, con todo tu ser y con toda tu mente» (Mat. 22:37). De hecho, en los cuatro Evangelios, Jesús evalúa la fe de Sus discípulos en Él a través de una pregunta concreta: «¿Quién dicen que soy yo?».

---

8.   Richard Hofstadter, *Anti-Intellectualism in American Life* (Nueva York: Knopf, 1963).
9.   Tom Nichols, *The Death of Expertise: The Campaign against Established Knowledge and Why It Matters* (Nueva York: Oxford University Press, 2017).

La respuesta adecuada al cristianismo antiintelectual no es un cristianismo hipercerebral; es cultivar un entorno en el que los escépticos sean bienvenidos, las dudas se tomen en serio y «Tengan compasión de los que dudan» (Jud. 1:22). Las preguntas correctas hechas de la manera correcta solo pueden conducir a la verdad y a la Verdad.

Antes de deconstruir tu fe, debes ser consciente de que no hay pregunta demasiado difícil para el cristianismo. Por supuesto, una cosa es afirmar esto teológicamente y otra es encarnarlo en la vida diaria de la Iglesia. Nuestras iglesias deben ser lugares que acojan las preguntas, y a quienes las formulan. Tú, con tus preguntas y tus dudas, podrías ser quien les ayude a ser una iglesia así.

12

EL INFIERNO: ¿UN INCONVENIENTE QUE DIOS DESEA MANTENER OCULTO?

JOSHUE RYAN BUTLER

«¿Así que crees que voy a ir al infierno?», me preguntaba mi compañero de universidad. Ni siquiera había mencionado el infierno. Era un cristiano recién convertido y simplemente había mencionado mi nueva experiencia con Jesús y la bondad de Dios. Pero como para muchos hoy en día, el infierno solo es un inconveniente para que él y otros crean que Dios puede ser realmente bueno.

Tal vez tú también has luchado con esta pregunta. Sé que yo lo he hecho.

El infierno solía parecerme un inconveniente que Dios quiere mantener oculto, un tema difícil que, si realmente consultara la Escritura para echar un vistazo más de cerca, solo revelaría a Dios como un tirano cruel y vengativo. Es posible que hasta estés considerando alejarte de la fe al pensar en este tema.

Pero antes de que te vayas, quiero presentarte algunos cambios de paradigma que me han ayudado a lo largo de los años. He descubierto que muchos de nosotros tenemos una idea exagerada de lo que la Biblia enseña y lo que la vigorosa ortodoxia cristiana ha proclamado históricamente. Mi esperanza es ayudarte a tomar una mayor confianza en la bondad de Dios, no a pesar de este tema, sino incluso a causa de este tema, así como una confianza más profunda en que Dios es bueno, hasta lo más profundo de Su ser.

RECONCILIAR EL CIELO Y LA TIERRA

Dios tiene la misión de reconciliar el cielo y la tierra. Este es el primer cambio de paradigma. Tiene que ver con la línea argumental en la que encaja el infierno. Una vez tenía (como tú podrías tener) lo que me gusta llamar la historia «arriba/abajo»: *los buenos suben, los malos bajan*. El cielo es un lugar de nubes esponjadas donde tocaremos el arpa con los ángeles por la eternidad, mientras que el infierno es una cámara de tortura subterránea donde los diablillos te hieren con tridentes de fuego.

Uno de los muchos problemas de esta historia es que no hay historia: se trata simplemente de una recompensa o retribución personal, nada más. No nos dice nada sobre cómo el juicio (la cara de la moneda que da miedo) se relaciona con la restauración (las cosas buenas que Dios hace en el mundo). Sin embargo, en la Biblia, como Dios quiere reconciliar el cielo y la tierra, se opone al poder destructivo del infierno.

La contraparte principal del cielo no es el infierno en la Biblia; es la tierra. Por ejemplo, «cielo y tierra» aparecen juntos en el mismo versículo más de 200 veces en la historia bíblica, como un hilo narrativo tejido a lo largo de la Escritura. En cambio, «cielo e infierno» nunca aparecen juntos en el mismo versículo. Ciertamente se relacionan entre sí, pero la Biblia tiene una forma diferente de presentar su relación.

Si estás deconstruyendo el concepto del infierno, primero considera esto: nos equivocamos con el infierno, porque entendemos mal el cielo y la tierra. Y si volvemos a la historia bíblica del cielo y la tierra, el pequeño subtema del infierno comenzará a tener más sentido.

¿Cuál es esta historia? El cielo y la tierra fueron creados buenos por Dios (ver Gén. 1-2), pero luego se corrompieron por el poder destructivo del pecado (ver Gén. 3 en adelante). Vivimos en medio de un mundo bueno creado por Dios, corrompido por la caída. Sin embargo, ¿cómo responde Dios? No lo hace llevándonos al cielo. Más bien, la Biblia es la historia de la misión de rescate de Dios, para restaurar la humanidad y redimir la creación.

La misión de Dios de reconciliar el cielo y la tierra culmina con la cruz y la resurrección de Cristo. Observa con atención cómo lo expresa el apóstol Pablo:

> Porque a Dios le agradó habitar en él con toda su plenitud y, por medio de él, reconciliar consigo todas las cosas, tanto las que están en la tierra como las que están en el cielo, haciendo la paz mediante la sangre que derramó en la cruz (Col. 1:19-20).

Jesús reconcilia el cielo y la tierra. El Salvador vuelve a unir lo que el infierno ha desgarrado. El evangelio dice más que esto, pero definitivamente no menos. Pablo enseña que esto es lo que Cristo logró en la cruz.

Jesús «deconstruye» el dominio del infierno en la tierra.

«Se me ha dado toda autoridad en el cielo y en la tierra». (Mat. 28:18), declara el Cristo resucitado a Sus discípulos. ¿Por qué el Padre ha confiado a Su Hijo esta autoridad absoluta? Para, según nos dice Efesios, «reunir en él todas las cosas, tanto las del cielo como las de la tierra» (Ef. 1:10). En el banquete de bodas del final de la historia bíblica, en Apocalipsis 21-22, Dios une el cielo y la tierra para siempre como uno solo.

«¿Y qué tiene que ver esto con el infierno?», podrías preguntarte. Aquí la lógica del infierno empieza a tener sentido. Anhelar el amanecer de la luz es, por definición, anhelar la expulsión de las tinieblas. Esperar que el cuerpo sane es implícitamente esperar eliminar la enfermedad. Orar con Jesús: «venga tu reino, hágase tu voluntad en la tierra como en el cielo» (Mat. 6:10), es orar para que todos los poderes que se oponen obstinadamente al reino de Dios sean expulsados.

La entrada del cielo en la tierra significa expulsar al infierno. Hay una simetría entre la esperanza de la llegada del reino de Dios y la esperanza del juicio de Cristo sobre el pecado contumaz que desata el caos en nuestro mundo. La liberación del poder destructivo del pecado, la muerte y el infierno hace posible la reconciliación final del cielo y la tierra.

Porque Dios es bueno, tiene la misión de reconciliar el cielo y la tierra. O podemos decir lo mismo desde otro ángulo: Dios tiene la misión de echar fuera el infierno de la tierra.

ECHAR FUERA EL INFIERNO

La misión de Dios no es apartarnos del infierno en la tierra (una historia escapista) sino apartar el infierno de nosotros en la tierra (una historia redentora). Este es el segundo cambio de paradigma. Puedes estar deconstruyendo un Dios vengativo, pero en el evangelio somos nosotros los que hemos desatado el poder destructivo del infierno en el mundo, visto en niveles sistémicos masivos como el tráfico sexual y el genocidio, y en niveles personales como el orgullo, la lujuria, el enojo y la codicia, cosas con las que todos luchamos. Realmente hemos traído el infierno a la tierra.

Jesús dice que los vicios del corazón humano son las chispas que encienden el mundo en llamas. Él relaciona nuestros placeres corruptos, como la lujuria y la ira, con la realidad del infierno (Mat. 5:21-27). El problema no está solo «allá afuera», sino «aquí dentro», insiste

Jesús, dentro de cada uno de nosotros. El corazón del problema es el problema del corazón.

La imagen del fuego se utiliza de muchas maneras en la Escritura, pero una de ellas es para hablar del poder destructivo del pecado. Por ejemplo: «¡Imagínense qué gran bosque se incendia con tan pequeña chispa! También la lengua es un fuego, un mundo de maldad. Siendo uno de nuestros órganos, contamina todo el cuerpo y, encendida por el infierno, prende a su vez fuego a todo el curso de la vida». (Sant. 3:5-6).

Todo lo que se necesita es una chispa de tu fogata para quemar todo un bosque. Del mismo modo, tu lengua es pequeña, pero tus palabras pueden causar estragos, quemando tu vida y tu comunidad. Y cuando pasa, pon atención a lo que señala Santiago sobre la procedencia del poder de la lengua: es «encendida por el infierno».

Esto debería ser impactante: el poder del fuego del infierno se desata en el mundo a través de nosotros.

El fuego es una imagen adecuada para el poder destructivo del infierno. No construye las cosas, las quema. Cuando tu compañero de trabajo chismea en el cubículo de al lado, este pasaje sugiere que no solo está siendo molesto, está infundiendo el infierno en la oficina, destrozando a la gente con sus palabras. Si las palabras malvadas pueden hacer esto, ¿cuánto más las obras llenas del mal en nuestras vidas?

El infierno deconstruye el mundo bueno de Dios.

Sin embargo, debido a la gran compasión de Dios, Él no nos deja solos. Dios derrama Su inmensa misericordia sobre la humanidad lastimada por el pecado. En la cruz, Jesús soportó el fuego de nuestra maldad, para agotar su fuerza, apagar su llama y ofrecernos unión con Él.

Cuando estamos ante Jesús, Su pregunta no es: «¿Eres lo suficientemente bueno para entrar en mi reino?». En cambio, pregunta: «¿Me dejas sanarte?».

Cuando nos unimos a Jesús, nos convertimos en un lugar donde el cielo y la tierra se reconcilian, y el infierno es expulsado. «Eso es hermoso —podrías decir— pero ¿qué pasa con los que rechazan la misericordia del Rey?». ¿A dónde va el poder del infierno cuando el pecado es desterrado de Su reino? Hemos discutido la historia del infierno y el origen de su poder en el mundo; pasemos ahora a la ubicación del infierno.

FUERA DE LA CIUDAD

Podrías imaginarte el infierno como una «cámara de tortura en un sótano». Pero Jesús dice que su ubicación es «fuera de la ciudad». La palabra dominante del Nuevo Testamento traducida al español como «infierno» es *Gehena*. Tal vez te sorprenda saber que este era un lugar real, justo afuera de las murallas de Jerusalén (puedes encontrarlo en Google Maps). Era un lugar al que se podía ir caminando.

La Gehena tenía una historia oscura y peligrosa. En el Antiguo Testamento, se conoce como el Valle de Hinom, y su principal asociación es con el sacrificio de niños (para algunos ejemplos horribles puedes leer 2 Crón. 28:1-4 y 33:3-9). En este lugar, Israel sacrificaba a sus hijos para adorar a otros dioses. Dios se indignó ante esta práctica y dijo: «Cosa detestable que yo no les había ordenado» (Jer. 32:35).

Para los profetas, el famoso valle se convirtió en un símbolo de la idolatría y la injusticia de Israel. Sin embargo, los profetas esperaban que un día Dios regresara como Rey para reclamar Jerusalén como Su capital y establecer Su reino de justicia. Cuando lo hiciera, Dios echaría a todos los rebeldes y poderes destructivos fuera de Su ciudad, es decir, al Valle de Hinom.

Lo cual es lógico. La razón por la que el poder destructivo del infierno es expulsado fuera de la ciudad es que se opone a las cosas buenas y redentoras que Dios quiere hacer dentro de la ciudad. Pedir que el reino de Dios venga y que el infierno permanezca es como pedirle al médico que sane tu cuerpo pero que deje el cáncer, como pedir que la restauración venga y que la destrucción permanezca. Es pedir algo contradictorio.

Dios excluye el pecado de Su reino a causa de Su bondad, no en oposición o a pesar de ella. Cuando te sientas tentado a deconstruir, considera lo que realmente le estás pidiendo a Dios que haga, si de verdad quieres que sane el mundo.

También te puede parecer interesante que las llamas en Gehena fueron encendidas por manos humanas. Este hecho proporciona un interesante trasfondo para las representaciones del fuego. La gente que mataba a sus hijos volvía a la ciudad a dormir por la noche; los ídolos a los que ofrecía los sacrificios eran puestos en el templo (ver 2 Crón. 33:1-9). Así que el juicio de Dios regresa la rebelión al lugar de donde vino, e implica un sentido de «lo hiciste y ahora tendrás que soportar las consecuencias». Dios es activo en el juicio, pero un aspecto de Su juicio es entregarnos a lo que hemos elegido. Dios está en contra de los pirómanos que queman Su mundo.

De modo que el infierno no se encuentra bajo tierra; está fuera de la ciudad. También puedes observar esta imagen en la nueva Jerusalén de Apocalipsis 21, al final de la historia bíblica, cuando el mal se mantiene fuera y no se le permite entrar a la ciudad de Dios (v. 27). Nuestra esperanza futura no es «los buenos suben, los malos bajan», sino lo siguiente: Dios restablecerá Su buen reino en el centro del mundo, mientras que el mal y todos sus aliados son desterrados. Es una historia de «centro/periferia».

Te preguntarás qué significa esto para el propósito de Dios en el juicio. Pasemos a ese tema.

PROTEGER EL REINO

El propósito de Dios es la protección. Él quiere salvaguardar a Su amado pueblo. «No harán mal ni dañarán en todo mi santo monte...», dice en Isaías 11:9 sobre la llegada de Su reino al monte de Sión (Jerusalén). Cuando Jesús regrese, todas las fuerzas que dañan y destruyen hoy finalmente llegarán a su límite. Asimismo, en Zacarías 2:4-5, Dios dice de Su reino venidero: «... Jerusalén llegará a ser una ciudad sin muros. En torno suyo —afirma el SEÑOR— seré un muro de fuego, y dentro de ella seré su gloria».

Es una imagen poderosa: Dios ama inmensamente a la gente en Su ciudad; tanto, que derriba los muros para hacer lugar para muchos, dejando entrar a todos los que lo reciban. Si tú fueras un antiguo israelita, esta bienvenida plantearía un problema. ¿Y qué hay de nuestros enemigos, Dios? Los muros nos protegen de la invasión hostil. Dios responde, declarando que Él mismo será su protección. «En torno suyo seré un muro de fuego».

Dios no protege Su ciudad con tanques, pilotos y pistolas. Dios protege Su ciudad con Su propia presencia.

Me parece interesante que la presencia de Dios se experimente dentro de la ciudad como gloria redentora y fuera de la ciudad como fuego protector. La misma presencia; diferente propósito. Dios es siempre luz, vida y amor; no podemos cambiar Su santa presencia. Su naturaleza es inmutable, Su carácter no cambia. Pero la radiante belleza de la gloriosa presencia de Dios se ejerce en juicio sobre aquellos que se aferran a la oscuridad y a la muerte, que endurecen sus corazones contra Él y Sus caminos, en una postura de pecado.

Así que no endurezcas tu corazón.

Tal vez te hayas imaginado el infierno como una «habitación», donde la gente clama a Dios en arrepentimiento: «¡Lo siento! Te amo. Haré cualquier cosa para estar contigo». En una extraña inversión del evangelio, somos nosotros los que perseguimos a Dios mientras Él se niega a ser encontrado. Esto es al revés. En el evangelio, Dios nos ha perseguido en Cristo, yendo hasta el infierno y volviendo para estar con nosotros. Un corazón endurecido es nuestro problema más profundo. Esta imagen habla de nuestro rechazo a Dios, no solo con algunos actos malos, sino con una disposición que desea alejarse de Él, prefiriendo la autonomía a la adoración, la independencia a la comunión, nuestro pecado a Su salvación.

Nuestro problema no es que Dios tenga el corazón frío, sino que nosotros tenemos el corazón endurecido.

Esto es a lo que algunos se refieren al decir: «Las puertas del infierno están cerradas por dentro». No se trata de decir que Dios se queda de brazos cruzados mientras nosotros seguimos nuestro camino: Él identifica activamente, juzga y trata adecuadamente nuestro pecado. Tampoco quiere decir que tengamos una «segunda oportunidad» al otro lado de la tumba: ser duro de corazón significa que tu respuesta será la misma. Pero sí es para decir que el juicio de Dios se alinea, se ajusta, con nuestra rebeldía. Dios no cierra la puerta contra nuestra voluntad arrepentida, sino a través de nuestra voluntad no arrepentida. Cuando rechazamos a Dios, prefiriendo la oscuridad a Su luz expansiva y liberadora, nos convertimos en esos inconvenientes que es mejor mantener ocultos.

Nuestro deseo de liberarnos de Dios da lugar a nuestra esclavitud al pecado. El pecado es la raíz; el infierno es el fruto.

SALVADOR Y VENCEDOR DEL INFIERNO

Jesús es un Rey que derrota el infierno, apaga el fuego y da vida. La buena noticia del evangelio es que el Salvador nos invita a Su ciudad. El Rey ama perdonar. El Cordero desea perdonar. El gran Médico se alegra en sanar. En la cruz, Jesús abre Sus brazos para abrazar nuestro mundo golpeado por el pecado y desgarrado por la guerra, y absorbe el fuego salvaje que hemos desatado. Aunque seamos rebeldes, Su voz nos llama «hijos». Él alza Su voz con fuerza y llama hasta los confines de la tierra, invitándonos a recibir Su presencia reconciliadora y a prepararnos para la resurrección que viene.

No permitas que tu deconstrucción te aleje de Jesús, porque solo Su poder puede deconstruir el poder del infierno en tu vida; solo Su Espíritu puede ablandar tu corazón endurecido; solo Su gracia puede restaurarte con la bondad de Dios. Olvida las ideas exageradas, pero a través de unión con Cristo puedes convertirte en un lugar donde el cielo y la tierra son uno, y unirte a Su pueblo para dar testimonio del reino que viene.

Hablando de «unirse a Su pueblo para dar testimonio», pasamos ahora a la tercera y última sección de este libro, para explorar lo que parece reconstruir una fe sana.

TERCERA PARTE

RECONSTRUIR LA FE

13

ACEPTA LA VERDADERA PERTENENCIA EN LA IGLESIA

JEREMY LINNEMAN

En el siglo XVIII, a lo largo de la costa este del futuro Estados Unidos, mientras se colonizaba, convivían dos grupos de personas. El primer grupo, los indígenas, mantenía un modo de vida sencillo que no había cambiado durante miles de años. El segundo, los colonos europeos, representaban la sociedad más moderna en su economía, cultura, industria y tecnología.

A pesar de la escasa interacción entre ambas comunidades, una de ellas comenzó a interesarse por la otra, y muchos individuos y familias empezaron a abandonar su grupo social para unirse al otro. Pero para sorpresa de los lectores modernos, fueron los colonos británicos los que se fueron y se unían a las tribus indígenas, y no al revés.

En varios casos, los colonos británicos fueron capturados en batalla por los indígenas. Pero en lugar de ser asesinados o encarcelados, los colonos a menudo se integraban como miembros de las comunidades nativas. Cuando los colonos finalmente rescataban a estos individuos y los regresaban a sus colonias, los que habían sido cautivos a menudo intentaban regresar a las tribus.

Benjamín Franklin escribió a un amigo en 1753: «Aunque los rescaten sus amigos, y sean tratados con toda la amabilidad imaginable para prevalecer con ellos y se queden entre los ingleses, finalmente en poco tiempo se disgustan con nuestra forma de vida [...] y aprovechan la primera oportunidad que se les presenta para escapar de nuevo al bosque».

Otros abandonaron voluntariamente la sociedad británica para unirse a las tribus de los nativos. Se adentraron en los bosques y nunca miraron atrás. Después de algún tiempo, las tribus fronterizas estaban llenas de hombres blancos que habían dejado su pueblo y su cultura, se casaban con mujeres nativas y formaban un hogar.

El historiador francés Hector de Crèvecoeur trató de darle sentido a esto en 1782. «Miles de europeos son indios, y no tenemos ejemplos de que uno solo de esos aborígenes se haya convertido en europeo por elección. Debe haber algo singularmente cautivador en su vínculo social, y muy superior a todo lo que se puede presumir entre nosotros».[1]

Las semillas del individualismo radical estaban siendo plantadas, y rápidamente los primeros americanos comenzaron a sentirse vacíos, desconectados y solos. En las tribus nativas, encontraron algo «muy superior» a la economía, la industria y la tecnología de su sociedad moderna.

¿Qué encontraron? ¿Y cómo lo reconocieron tan rápidamente y, dejándolo todo atrás, se aferraron a ello durante el resto de sus vidas?

---

1.   Sebastian Junger, *Tribe: On Homecoming and Belonging* (Nueva York: Twelve Publishing, 2016), 3.

De eso trata este capítulo: la trágica pérdida de pertenencia en el Occidente, cómo el individualismo radical ha «deformado» a los miembros de las iglesias estadounidenses (debilitando la fe y haciendo que muchos jóvenes huyan en otra dirección), y por qué la forma de vida más relacional y conectada que buscamos está disponible, dentro del verdadero cristianismo histórico.

Mi esperanza y mi oración es que puedas deconstruir las promesas del secularismo occidental (que se afianza en el vacío del individualismo radical y conduce a la soledad crónica) y redescubrir la esperanza de una vida enraizada e interconectada en Cristo.

EL PROBLEMA DEL «YO» EN EL CRISTIANISMO ESTADOUNIDENSE

Nací en mayo de 1984, convirtiéndome en un milenial. Crecí en una gran congregación carismática/evangélica y asistí a un colegio privado cristiano. De mi clase de graduados, en su mayoría estudiantes de familias estables que asistían a la iglesia, mi opinión es que solo una cuarta parte de ellos sigue en el camino del Señor y participando en una iglesia local unos 20 años después. Incluyendo mi experiencia en un ministerio universitario, sospecho que he visto a muchos más amigos cercanos abandonar la fe y la comunidad cristiana que permanecer en ella. La deconstrucción se ha vuelto más popular y común que la vida espiritual fiel.

¿Por qué?

Cuando leo o escucho testimonios de desconversión en conversaciones personales o en Facebook, blogs y *podcasts*, casi siempre sobresale un tema. El guion de la desconversión suele incluir alguna variación de lo siguiente: «Crecí en un hogar religioso y asistíamos a la iglesia (al menos una vez) todas las semanas. Pero la gente de allí solía ser crítica y cerrada, mientras que descubrí que mis amigos no cristianos eran fáciles de tratar y se animaban. Mi experiencia en la iglesia giraba en torno a qué creer y cómo comportarse, pero mi experiencia con mis amigos no creyentes giraba en torno a quién podía llegar a ser y cómo ya era suficiente».

Muy a menudo, mis amigos que han deconstruido y luego abandonado la fe cristiana histórica han dicho que experimentaron más gracia, amistad y comunidad en algún lugar distinto de la iglesia, ya sea una fraternidad o hermandad, un club social o lugar de trabajo, o incluso un partido político.

Cuando describen los motivos por los que abandonan la iglesia, rara vez utilizan el lenguaje de la deconstrucción, y la mayoría nunca se toma el tiempo de publicar un manifiesto en Internet, este punto de pertenencia y comunidad es revelador. El cristianismo que experimentaron era solo un sistema de creencias y no una auténtica comunidad de fe. Esto suele reflejar más el individualismo occidental que el camino relacional e íntimo de Jesús.

¿A qué me refiero? Algunos edificios de la iglesia están diseñados para sentirse como centros comerciales, con librerías, tiendas de camisetas y salas de videojuegos para adolescentes. Muchas iglesias se asemejan al consumismo americano en su mensaje también: «Cree en Jesús, y Él te hará exitoso». Mientras tanto, gran parte del cristianismo del Nuevo Testamento suele ser enfocado a las carencias, incluidos el servicio a los pobres y necesitados, una comunidad hospitalaria y un cuidado pastoral vivificante.

La forma de cristianismo que han dejado es una forma de religión que yo quiero dejar también.

Sin duda, gran parte del cristianismo estadounidense se ha alejado de este aspecto esencial de la vida cristiana histórica. El cristianismo histórico enseña que somos seres relacionales, creados a imagen de un Dios trino (Padre, Hijo y Espíritu Santo) que ha existido eternamente en relación. Pero gran parte del cristianismo estadounidense ha seguido la corriente de la cultura dominante en la promoción de la autonomía personal, el individualismo y la cultura del consumo. El cristianismo histórico enseña que la verdadera pertenencia se encuentra en ser plenamente conocido y amado por Dios y por otros. Sin embargo, el cristianismo estadounidense sigue a menudo la visión del secularismo de la buena vida a través de la producción y el consumo.

Si tu experiencia del cristianismo ha sido en gran medida individualista («solo Jesús y yo»), o si has tenido una experiencia frustrante entre los creyentes, este capítulo es para ti. Quiero que deconstruyas esta forma individualista de cristianismo, y que redescubras la belleza de la comunidad espiritual en Cristo.

DECONSTRUCCIÓN DEL INDIVIDUALISMO

¿Qué tiene de malo la visión individualista del mundo? Tres cosas, al menos.

1. LA COSMOVISIÓN INDIVIDUALISTA NO RECONOCE NUESTRA NATURALEZA COMO HUMANOS.

Claro, la teología cristiana enseña que somos seres relacionales porque estamos hechos a imagen y semejanza de un Dios relacional. Pero este punto también tiene eco en la neurociencia, la psicología social e incluso el deporte. Las resonancias magnéticas funcionales (imágenes cerebrales realizadas en tiempo real mientras una persona responde a diversos estímulos) muestran que la soledad afecta al cerebro de una manera profunda.[2] Los psicólogos sociales han descubierto durante décadas de estudios que tener «un lugar al cual pertenecer» se relaciona con el bienestar más que cualquier otro factor.[3]

2. LA COSMOVISIÓN INDIVIDUALISTA HACE QUE NUESTRAS RELACIONES SEAN HUECAS Y SUPERFICIALES.

Vivir desde la mentalidad del individuo (en contraposición a la de la persona interconectada en la comunidad) significa que las relaciones se vuelven transaccionales. Se convierten en una función de lo que podemos dar y recibir del otro. Ya no se nos conoce del todo, y desde luego no se nos ama del todo; en lugar de esto, damos y

2. John T. Cacioppo, *Loneliness: Human Nature and the Need for Social Connection* (W. W. Norton & Company, 2009).

3. Roy F. Baumeister and Mark R. Leary, «*The Need to Belong: Desire for Interpersonal Attachments as a Fundamental Human Motivation*» *Psychological Bulletin* 117, no. 3 (Mayo 1995): 497–529.

recibimos ayuda para avanzar en nuestros objetivos individualistas, ya sean profesionales, educativos o de otro tipo. Las relaciones transaccionales son, por definición, huecas (carecen de verdadero amor y compromiso) y superficiales (incapaces de aprender, crecer, adaptarse, perdonar y disfrutar).

3. LA COSMOVISIÓN INDIVIDUALISTA LIMITA NUESTRO BIENESTAR Y CRECIMIENTO.

Cuando Jesús comenzó Su ministerio en la tierra, algunas de Sus primeras y más importantes enseñanzas se centraron en el ser humano. Su Sermón del Monte, descrito en Mateo 5-7, nos muestra a una persona verdaderamente dichosa, feliz y próspera. A continuación, Jesús nos sorprende con las características de esa vida bienaventurada. Los bienaventurados no son los que han ganado o acumulado más poder, riqueza, comodidad, placer o seguridad. Los verdaderos bienaventurados se caracterizan por sus relaciones y la calidad de su carácter. «Bienaventurados los pobres en espíritu [...]. Bienaventurados los misericordiosos [...]. Bienaventurados los pacificadores...» (Mat. 5:3-9, RVR1960). En otras palabras, «porque el que quiera salvar su vida, la perderá; pero el que pierda su vida por mi causa, la encontrará» (Mat. 16:25). El individualismo radical puede permitir la comodidad y el placer momentáneos, pero solo la verdadera pertenencia permitirá la conexión y la comunidad eternas.

DOLOR Y SANIDAD EN LA COMUNIDAD CRISTIANA

Muchos de mis amigos cercanos que han dejado la iglesia han sufrido una verdadera decepción y dolor a manos de los cristianos. Algunos han sufrido un trágico abuso espiritual por parte de los líderes del ministerio. No es de extrañar, entonces, que se hayan alejado de la comunidad cristiana. ¡Qué experiencia tan terrible y trágica! Me aflijo y lamento por cualquiera que haya buscado a Dios y familia, solo para encontrar juicio, condena y abuso. Señor, ayúdanos.

Gran parte de mi ministerio pastoral consiste en cuidar y rehabilitar a los que han sufrido daño en la iglesia. He descubierto que somos heridos al relacionarnos y encontramos la sanidad al relacionarnos.

Cuando somos víctimas del pecado por parte de otros, la tendencia natural es alejarse de los demás. Cuando nosotros mismos pecamos y somos avergonzados por otros, es igualmente natural replegarse. Pero aunque este repliegue puede ser un instinto natural de supervivencia, no nos llevará a sanar por completo. En algún momento, debemos acercarnos a los demás para encontrar consuelo y sanar.

Si eres un hijo de Dios y has sido llamado y encomendado a vivir para Él con propósito, dignidad y dones, no permitas que los que han pecado contra ti determinen tu futuro. Puede que necesites invertir en consejería y dirección espiritual; de tu dolor puede surgir una nueva y más profunda versión de ti mismo. Puedes acercarte a los demás con confianza y esperanza, no porque tu próxima comunidad no te falle, sino porque Dios nunca te fallará, y a menudo nos ministra a través de otros.

Somos heridos al relacionarnos y encontramos la sanidad al relacionarnos. Antes de alejarte de la iglesia por completo, considera que tal vez nunca encuentres lo que tu alma realmente necesita hasta que te acerques a amigos cristianos sanos y amorosos, y a una comunidad espiritual otra vez, o por primera vez.

REDESCUBRIR LA COMUNIDAD ESPIRITUAL

La buena noticia es que la comunidad espiritual es posible. La verdadera pertenencia se puede encontrar. Y Dios te ama lo suficiente como para utilizar tu dolor y convertirlo en un bien, tanto en tu vida como en la de los que te rodean.

¿Cómo es redescubrir la comunidad cristiana al ser alguien que está considerando dejar la fe o la iglesia?

1. DEBEMOS APRENDER QUE LA COMUNIDAD CRISTIANA SE CONSTRUYE, NO SE ENCUENTRA.

Uno de mis amigos pastores ha dicho a menudo a su iglesia: «Este no es un gran lugar para encontrar una comunidad, es un gran lugar para construir una comunidad». En otras palabras, si buscas una comunidad que te acoja en su club de amigos felices, que no sean dramáticos ni exigentes, buena suerte. Tal vez sí encuentres un grupo que te diga: «Entra; aquí todo es perfecto. Te hemos estado esperando. Tenemos todo resuelto». Pero eso es una falsa promesa o es una secta, o tal vez solo una clase de entrenamiento en grupo demasiado entusiasta. No, la comunidad cristiana debe ser construida, no encontrada.

La comunidad cristiana es difícil porque la gente es difícil (sí, eso te incluye a ti). Pero vale la pena. Y según mi experiencia, cuanto más tiempo y energía inviertas en ayudar a los demás a sentirse conectados, tú te sentirás más conectado. Si trabajas para hacer un lugar para los demás, es probable que siempre tengas un lugar para ti. Si estás dispuesto a tomar la iniciativa, a construir relaciones y a cuidar de los demás incluso cuando es aburrido, repetitivo o desordenado, y si puedes esperar que este viaje sea por años y no por meses, te encontrarás en una comunidad verdadera y viva (Rom. 12:9-21).

2. DEBEMOS REAJUSTAR NUESTRAS VIDAS PARA RELACIONARNOS.

Si la comunidad se construye y no se encuentra, entonces tenemos que reajustar algunos aspectos de nuestras vidas. Tenemos que ir más despacio y resistir a la cultura de la prisa que nos rodea. Es posible que no podamos trabajar hasta altas horas de la noche o los fines de semana. Tenemos que planificar con antelación con la tenacidad de un gestor de proyectos para que un grupo pequeño semanal o de estudio bíblico encajen y sean parte de nuestras actividades. Tendremos que reconocer que el alejarnos de la iglesia cada año dañará significativamente nuestra conexión relacional y el sentido de pertenencia. Una vida llena y conectada con los demás requiere un nuevo conjunto de prioridades y ritmos de vida. Pero vale mucho la pena.

3. DEBEMOS ESTAR DISPUESTOS A SER SINCEROS Y VULNERABLES.

Si estás deconstruyendo la fe, ¿has hablado de ello con las personas que te rodean? La mayoría de las veces, mis amigos que han dejado la fe (o simplemente su iglesia local, sin unirse a otra) nunca han compartido sus frustraciones y preocupaciones con su comunidad o con sus líderes. En cambio, los demás no se enteran de estas luchas sino a través de redes sociales.

Pero si quieres que otros sean más sinceros y vulnerables contigo entonces puede que tengas que empezar por ser más sincero y vulnerable con ellos. Si no responden bien, no te desanimes demasiado. Quizás nunca han considerado realmente los fundamentos del cristianismo y se sientan amenazados. Tal vez su identidad está tan envuelta en una tradición o grupo que no pueden imaginarse criticándola. Pero a la larga, ser sincero y vulnerable con los demás conducirá a relaciones más profundas; y si no en una comunidad, en otra.

ESTOY DECONSTRUYENDO

Si has dejado la fe y has encontrado una comunidad en un grupo social, algún club o en una actividad compartida, puede haber un fuerte sentido de pertenencia, incluso más fuerte que en tu experiencia cristiana. Pero ¿alimenta tu alma y te convierte en la persona que quieres ser, la persona que Dios te ha creado para ser?

Por desgracia, muchos de mis amigos que han dejado la fe no han encontrado lo que buscaban. En busca de la libertad, han encontrado solo la esclavitud a un sistema sin vida del individualismo, el consumismo y un nuevo juicio secular. Pero los que se han quedado cuando es difícil, o que los han herido en el pasado, pero lo intentan de nuevo en otra comunidad, es común que se alegren de haberlo hecho después de algún tiempo.

Estamos hechos para esto: pertenecer a Cristo y a los demás. Cualquier otro sistema, cualquier otra promesa, todo lo demás en este mundo es destructivo. El «ingrediente secreto» del cristianismo es el poder de una viva comunidad espiritual donde todos adoran juntos a Jesucristo. Lleva años construirla, a veces décadas. Pero encuentra a personas que han dado su vida a la construcción de una comunidad cristiana y verás a personas que están conectadas, con raíces fuertes y prosperando en Cristo.

En cuanto a mí, sí que estoy deconstruyendo. Estoy deconstruyendo este individualismo radical que he heredado de mi cultura occidental. Me estoy desconvirtiendo de este modo de vida aislado. Estoy cansado de la rueda de producción y consumo.

En lugar de ello, busco una forma de vida conectada y con raíces fuertes. Quiero que me conozcan y me amen plenamente. Quiero un lugar al cual pertenecer. Quiero vivir para algo más grande que yo mismo; quiero encontrar mi vida al darla; quiero construir mi comunidad dejando de lado mis deseos inmediatos.

En este sentido, me dirijo a explorar. No me busco a mí mismo, sino que encuentro a mi gente. Estoy construyendo mi comunidad, en una iglesia sana. Eres bienvenido a unirte a nosotros.

14

EN OCASIONES LA GENTE NO CREE

JARED WILSON

Recibí la llamada telefónica de un miembro de la iglesia preocupado. Dos parientes, un esposo y una esposa, estaban muriendo. «¿Podría ir a compartir el evangelio con ellos?», me preguntó.

No era la primera vez que recibía una petición así. Como único pastor evangélico en un pueblo rural de Vermont, ya me habían solicitado hacer muchos encargos evangelísticos, sirviendo de misionero para creyentes preocupados por el estado eterno de sus seres queridos incrédulos. No recuerdo alguna vez que no haya cumplido. Pero esta situación era un poco diferente: un matrimonio, ambos al borde de la muerte. Él estaba en el hospital; ella, en una residencia de ancianos. Me senté junto a ellos en sus lechos de muerte y les hablé de Jesús.

La esposa había practicado la fe. Su esposo no. «He hecho mi vida sin ella», dijo él, dando a entender que no tenía sentido cambiar de rumbo ahora.

Me sorprendió en aquel momento, y lo sigue haciendo hasta ahora. Este contraste espiritual me ha perseguido desde entonces. No les ofrecí mensajes diferentes. Mis palabras podrían haber sido ligeramente distintas, pero la información básica era la misma. El mensaje es el mensaje. Y habría pensado que si algún momento fuera propicio para incluso pensar *«¿qué tengo que perder?»* sería en el lecho de muerte de cualquier persona. Pero ella creyó. Él no.

¿Por qué?

¿DÓNDE PONEMOS EL PESO DE LA FE?

Si estás deconstruyendo tu fe, quizás hayas luchado con esta realidad. O tal vez otros, conscientes de su viaje, han luchado con esta cuestión. Pueden preguntarse cómo alguien que creció en la iglesia, practicó la fe, participó en la comunidad de Dios, habló de ello y transitó por el camino, parece alejarse. Es desalentador cuando los que crecieron en la iglesia o que han sido expuestos a la verdad de la Escritura y han sido bien ministrados por cristianos, parecen tener todas las razones para rechazar la fe. No siempre sabemos qué hacer con esto, ¿verdad?

Recuerdo los primeros días de mi discipulado, aprendiendo lo básico para evangelizar, y la presión que se ejercía sobre nosotros para «sellar el trato». Teníamos que conocer todos los ángulos apologéticos, las respuestas correctas a las objeciones, las maniobras retóricas más inteligentes para ganar almas. La implicación era que, si alguien no creía, habías hecho algo mal. El peso de la fe recaía en el evangelista.

No podemos entrenar a nuestras iglesias para evangelizar con una mentalidad de «siempre cerrar el trato». Pero se puede decir que muchos evangélicos todavía piensan que el peso de la fe recae sobre nuestro evangelismo por la preocupación que mostramos ante las crecientes historias de deconstrucción, por cómo contemplamos el fenómeno de los «exevangélicos», y cosas por el estilo. Si estás replanteándote tu compromiso con la fe, es probable que haya amigos y familiares que te rodean reflexionando sobre lo que hicieron o dejaron de hacer y que podría haberte llevado a este momento.

El año pasado leí que otra celebridad cristiana bastante prominente anunciaba su deconstrucción. Jon Steingard, vocalista del grupo de MCC Hawk Nelson, explicó su decisión de esta manera: «Después de crecer en un hogar cristiano, de ser hijo de pastor, de tocar y cantar en un grupo cristiano, y de tener la palabra "cristiano" delante de la mayoría de las cosas de mi vida, me estoy dando cuenta de que ya no creo en Dios». No sé nada de Steingard más allá de lo que ha revelado. Tomaré al pie de la letra sus afirmaciones de que su fe, tal como era, no podía soportar el peso de sus preguntas. La iglesia se enfrenta ciertamente a un déficit de discipulado cuando no preparamos a nuestros jóvenes especialmente para aplicar las verdades de la Escritura a una cultura cada vez más «posterior a la verdad».

Pero a diferencia de muchos de mis hermanos evangélicos, no siento una necesidad desmedida de apresurarme a realizar una autopsia espiritual en respuesta a cada historia de deconstrucción.

Para ser claros, cada vez que alguien que fue criado en la iglesia y que profesó la fe la rechaza, es una tragedia digna de contemplación y oración. Pero debemos tener cuidado con buscar las respuestas fáciles.

Y esto también es para ti.

He observado, en gran parte de los análisis de los medios sociales sobre el anuncio de Steingard, una crítica a su educación infantil, a la calidad del discipulado que recibió, etc. No sé cómo alguien que no conozca al hombre, a su familia o a las iglesias en las que creció, que aparentemente dirigía su padre, puede hacer tales argumentos. Te aconsejaría que no hicieras ese tipo de argumentos tampoco.

Ahora, definitivamente hay una deficiencia severa en el estado del discipulado evangélico. De hecho, el modo dominante de discipulado en el evangelismo estadounidense facilita este mismo resultado. Así que, en términos generales, sí, la forma en que los estadounidenses «trabajan la iglesia» no es buena para entrenar a los conversos a plantar raíces espirituales profundas, centrar sus vidas en el evangelio, comprometerse con una comunidad cristiana y afirmar la suficiencia de la Palabra de Dios. En general, hemos cambiado una sólida formación espiritual según el evangelio bíblico por una afirmación religiosa superficial según el moralismo consumista, por lo que no debería sorprendernos que más personas de este sistema estén rechazando el cristianismo tradicional por un mensaje de ser fiel a uno mismo.

Tal vez creciste en una iglesia que no hacía justicia a tus preguntas de búsqueda, no actuó con misericordia en relación con tus dudas y que no respondía de forma cristiana a tus fallas o a las de tus amigos y compañeros. Tal vez tu iglesia realmente te falló. Eso ocurre.

Y aunque buscar a alguien a quien culpar por nuestras dudas es completamente comprensible, la verdad sobre cómo llegamos a creer, y a no creer, es mucho más complicada de lo que solemos pensar. Las respuestas fáciles sobre el mal discipulado no siempre encajan.

Nos gustan las explicaciones fáciles. ¿Un cristiano que profesa su fe deconstruye? *Obviamente no tuvo un buen predicador*, pensamos. ¿Un joven rechaza la fe? *Obviamente no experimentó un discipulado profundo*.

Excepto que a veces lo hacen. Tal vez tú también lo hiciste. Durante mis décadas en el ministerio, he visto a más de un joven crecer en la iglesia y alejarse de la fe. Casi todos ellos tenían padres amorosos que, aunque imperfectos, hicieron lo mejor que pudieron. No pretendo decir en absoluto que he sido un pastor perfecto, pero nunca he dirigido una iglesia que tratara a los escépticos sin misericordia o que se negara a responder a sus preguntas con compasión.

La verdad es que a veces la gente simplemente no cree.

RESPUESTAS ESPIRITUALES A PREGUNTAS INTELECTUALES

Pablo advirtió a su protegido sobre la realidad de la apostasía:

El Espíritu dice claramente que, en los últimos tiempos, algunos abandonarán la fe para seguir a inspiraciones engañosas y doctrinas diabólicas. Tales enseñanzas provienen de embusteros hipócritas, que tienen la conciencia encallecida. Prohíben el matrimonio y no permiten comer ciertos alimentos que Dios ha creado para que los creyentes, conocedores de la verdad, los coman con acción de gracias (1 Tim. 4:1-3).

Observo algunas cosas en esta advertencia, las cuales en conjunto conducen a una conclusión inevitable. Pablo «atribuye» el apartarse de la fe a inspiraciones engañosas, las doctrinas diabólicas, embusteros hipócritas y los que tienen las conciencias encallecidas. Sé que, si estás resolviendo tu compromiso con las afirmaciones de la verdad del cristianismo, este tipo de argumentos pueden no parecerte particularmente convincentes. Si lo que estás contemplando es un rechazo total del teísmo o de una visión espiritual del mundo, oír hablar de la influencia de la actividad demoniaca o del mundo de los espíritus no es probablemente una gran razón para persuadirte a reconsiderar tu comprensión de la incredulidad. Pero aunque estas influencias que menciona Pablo se manifiestan en enseñanzas y leyes particulares del contexto de Timoteo —el ascetismo herético con el que muchos de nosotros en Occidente no tenemos que lidiar mucho (si es que tenemos que hacerlo) hoy en día—, el fondo de la apostasía es el mismo ayer y hoy: la gente se aparta de la fe por razones espirituales.

Tendemos a dar explicaciones lógicas a acciones aparentemente inexplicables porque somos pragmáticos de corazón. Cuando los cristianos son testigos de que alguien rechaza el evangelio de Jesús, suelen pensar que no hicieron la presentación correcta, que no ofrecieron las mejores respuestas apologéticas, etc. Y a veces fallamos en nuestro camino. Pero la realidad del Espíritu Santo se resiste a tales razonamientos.

Por eso, por ejemplo, por cada persona criada en la iglesia que rechaza la fe, hay otra criada totalmente fuera de la comunidad de fe que, contra todo pronóstico, decide convertirse en discípulo de Jesús. Es probable que todos conozcamos a algunos conversos improbables, aquellos criados en entornos difíciles, horribles, incluso abusivos, o simplemente entornos en los que se los «discipuló» para que no se preocuparan por las cosas de Dios, que han llegado a una vida improbable y asombrosa por el poder del evangelio.

El cristianismo, a pesar de todas sus afirmaciones históricas y su contenido intelectual, es sobre todo *sobrenatural*.

Independientemente de los medios terrenales, el testimonio de un amigo, el consejo de un padre o un profesor de la escuela dominical, la invitación de un predicador, un folleto o un libro o un programa de televisión o incluso un tuit, la diferencia entre la creencia y la incredulidad no está en la presentación sino en la presencia del Espíritu que despierta. Por gracia, Dios condesciende a utilizar medios humanos (Rom. 10:14), pero el poder es solo suyo. La fe salvadora es un don de Dios (Ef. 2:8).

LA ENSEÑANZA DE JESÚS SOBRE LA INCREDULIDAD

¿Recuerdas ese momento después de la resurrección cuando Jesús se apareció a Sus discípulos? Hay una hermosa interacción entre Tomás y nuestro Señor que en pocas palabras nos dice mucho sobre la naturaleza de la fe. Como Tomás no estaba con ellos, escucha la noticia con incredulidad. «No creeré —dice básicamente— si no puedo ver, y tocar» (Juan 20:25).

Tal vez te encuentras en la posición de Tomás. Puede que no te sientas seguro de poder creer en la Biblia, o estás seguro de que no, pero puedes identificarte con Tomás, ¿no es así? La idea de que Jesús haya resucitado corporalmente de entre los muertos suena tan imposible. Desafía lo que sabemos sobre la realidad. Sería un milagro diferente a cualquier otro visto antes o después. Cuando Tomás dice que no creerá a menos que lo vea, lo entendemos.

Y suponemos por las palabras de Jesús que se digna a dejar que Tomás haga justo eso. Pero también se digna a decir algo asombroso. ¿Recuerdas? «Porque me has visto, has creído —le dijo Jesús— ; dichosos los que no han visto y sin embargo creen» (Juan 20:29).

En cierto modo, Jesús contrarresta la idea de que creer es una respuesta obvia a una evidencia creíble. Sus comentarios a Tomás nos recuerdan que la fe es fundamentalmente una cuestión espiritual. Es una declaración paralela a uno de los puntos principales de Su historia sobre Lázaro y el hombre rico en Lucas 16:19-31. Este último, desde los tormentos del Hades, comienza a suplicar a través del abismo a Abraham que resucite a Lázaro de la tumba y lo envíe como señal milagrosa a los familiares incrédulos del hombre rico:

Él respondió: «Entonces te ruego, padre, que mandes a Lázaro a la casa de mi padre, para que advierta a mis cinco hermanos y no vengan ellos también a este lugar de tormento». Pero Abraham le contestó: «Ya tienen a Moisés y a los profetas; ¡que les hagan caso a ellos!». «No les harán caso, padre Abraham —replicó el rico— ; en cambio, si se les presentara uno de entre los muertos, entonces sí se arrepentirían». Abraham le dijo: «Si no les hacen caso a Moisés y a los profetas, tampoco se convencerán aunque alguien se levante de entre los muertos» (Luc. 16:27-31).

Jesús, a través de Abraham, refuta la idea de que cualquiera creería simplemente por presenciar un milagro. Tal vez hayas dicho algo parecido. «Si Dios me hablara o se presentara de alguna manera o se mostrara a sí mismo, entonces por supuesto que creería». Pero escucha la respuesta de Jesús. Sé que es una palabra dura, pero si todavía tienes al menos una admiración por Él, presta atención a lo que dice: «No, no lo harías».

Si el Espíritu Santo hablando a través de Su Escritura viva y activa no cambia tu corazón de piedra, Jesús está diciendo que ninguna señal espectacular hará el trabajo. Si uno no es cambiado por «Moisés y los Profetas», incluso una resurrección milagrosa no los cambiará. Pablo lo dice así en 1 Corintios 1:22-25:

Los judíos piden señales milagrosas y los gentiles buscan sabiduría, mientras que nosotros predicamos a Cristo crucificado. Este mensaje es motivo de tropiezo para los judíos, y es locura para los gentiles, pero para los que Dios ha llamado, lo mismo judíos que gentiles, Cristo es el poder de Dios y la sabiduría de Dios. Pues la locura de Dios es más sabia que la sabiduría humana, y la debilidad de Dios es más fuerte que la fuerza humana.

El mensaje es el poder. Y la diferencia entre la fe y la incredulidad no es, en última instancia, una frase bien pronunciada, un argumento fulminante o incluso un servicio convincente. Nadie puede, en última instancia, hacer que el cristianismo parezca lo suficientemente bueno como para plantar la fe en tu corazón. Nacer de nuevo es un asunto espiritual. Hay muchas cosas que los cristianos pueden hacer para adornar el poder de Dios, pero no hay nada que podamos hacer para mejorarlo o reemplazarlo. Según Jesús, la diferencia entre creer en Él y rechazarlo es una cuestión del Espíritu (Mat. 16:17; Luc. 10:21).

No conozco la historia de Jon Steingard. Dice que está abierto a experimentar una revelación de Dios que le haga cambiar de opinión (¿de regreso?). Espero que sea cierto y que el Señor responda a su oración. No conozco tu historia. Tal vez te sientas demasiado metido en la deconstrucción como para volver atrás. Puede que pienses que has escuchado demasiado poco o que te han hecho demasiado daño como para mantener la fe que una vez adoptaste.

Pero tenemos que recordar que a veces la gente no cree no porque no haya escuchado las respuestas correctas, sino porque las ha escuchado solo con su mente y no con su corazón. Y con esto no quiero decir que nunca se hayan involucrado emocionalmente en las cosas de la fe. Muchas historias de desconversión, de hecho, incluyen un sinfín de detalles sobre lo mucho que el incrédulo «creía realmente» en algún momento. Es un asunto delicado de averiguar, pero es importante que recordemos que el sentido de pertenencia, una inversión emocional, e incluso un fervor religioso no equivalen a una regeneración espiritual.

En su declaración pública, Steingard planteó algunas débiles objeciones intelectuales, comunes entre los que piensan superficialmente en las verdades del teísmo cristiano. Así que tal vez no fue bien discipulado después de todo. O tal vez lo fue y simplemente no cree. A veces la gente simplemente no cree.

¿Y SI NO SOY ELEGIDO?

¿Qué hacemos entonces? ¿Qué debes hacer si tú o tus seres queridos quieren alejarse de Jesús?

Debido a que los cristianos oramos, reconocemos que Dios tiene un poder que nosotros no tenemos. El llamado y el impulso a la oración deberían recordarnos a diario que el tipo de cambio que buscamos, en nosotros, en los demás, en el mundo, solo puede ser impulsado por el propio Señor soberano. Él puede usar proclamaciones elocuentes, un testimonio convincente y una apologética bien pensada, pero en última instancia, lo que la gente necesita solo lo puede proporcionar por Su poder misericordioso.

En términos de la salvación de los perdidos, ya sean convertidos o «desconvertidos», significa que no debemos dejar de lado el evangelio. Un miembro de mi última iglesia llegó a la fe salvadora en una iglesia anterior después de asistir a los servicios allí por más de un año. Comenzó a llevar a su familia a la iglesia cada domingo porque lo consideraba una buena práctica. *La gente buena va a la iglesia*, pensaba. Por su propia cuenta, escuchaba el evangelio cada semana en esta iglesia fiel. Pero fue un domingo en particular, después de haber registrado 52 domingos escuchando el mensaje que se le ocurrió: «¡Oye, necesito creer en esto!».

A veces las personas crecen en la fe gradualmente a través de la paciencia y las respuestas meticulosas a sus objeciones y explicaciones de sus confusiones. Recuerdo que Don Carson relató una historia sobre un joven que guio al Señor después de una serie de reuniones respondiendo a preguntas apologéticas. Por todas las apariencias externas, este joven fue efectivamente «convencido» de acercarse. Pero la realidad de su conversión fue la misma que para ese hombre en mi iglesia. El Espíritu en Su tiempo señalado despertó sus corazones para creer. Los elegidos de Dios fueron efectivamente llamados. Las circunstancias del llamado pueden parecer diferentes de una persona a otra, de una cultura a otra, pero la diferencia es siempre la misma. El evangelio de un Dios soberano es el poder de la creencia (Rom. 1:16).

¿Y tú? Tal vez estés a punto de tirar todo a la basura. O tal vez estés luchando con la cuestión de tu salvación. ¿Cómo sabes que realmente crees? Si todo esto de que el Espíritu hace la verdadera diferencia es en sí mismo cierto, ¿cómo puedes saber que eres salvo?

Primero, no he conocido a muchas personas no salvas que se preocupen por la salvación. El hecho de que se preocupen por si son elegidos es una buena señal de que lo son. Es probablemente evidencia de un corazón sensible, que es en sí mismo evidencia de la obra del Espíritu en ti.

En segundo lugar, sin embargo, yo diría que el deseo de salvación es en sí mismo la señal inicial de la obra del evangelio. Y si eliges genuinamente a Jesús, puedes estar seguro de que es porque Él te ha elegido a ti. El peligro de la incredulidad no podría ser mayor. En efecto, se trata de un tormento consciente eterno en el lugar llamado infierno. Pero los que se acercan a Jesús con fe no necesitan tener una fe fuerte, ni siquiera una fe totalmente consciente; solo una fe *verdadera*. Puede ser pequeña. Puede ser débil. Puede estar lastimada. Porque no es una fe fuerte la que salva, sino un Salvador fuerte. Y si lo quieres, es porque Él te quiere. Y tenemos la promesa de que cualquiera que venga a Él nunca será rechazado (Juan 6:37).

Si estás cansado, titubeando, preguntándote y vagando en el reino de la incredulidad, mantén tu mirada en la persona de Jesús en la Escritura, y no voltees hacia otro lado.

15

OBSERVA CON ATENCIÓN A JESÚS

DEREK RISHMAWY

Si has llegado al final de este libro, estás pensando en deconstruir tu fe o bien te preocupa cómo hablar con la gente que lo hace. Los procesos de deconstrucción no son ejercicios independientes de la razón pura: son personales, desordenados e incómodos.

Aunque no he tenido un momento de «ya no puedo creer en esto», a lo largo de los años he atravesado tiempos de duda en los que he desarmado todo, poco a poco, ansioso por ver si se podía reconstruir.

Mis dos consejos o, mejor dicho, mis argumentos, son, en primer lugar, que cuando recorras este camino, lo afrontes intencionadamente. No permitas que solo «ocurra». En segundo lugar, necesitas una guía, algo o alguien que te ayude a centrarte en lo que realmente importa. No se me ocurre nadie mejor para desempeñar ese papel que Jesús: Sus palabras, Sus acciones y Su persona.

Supongo que es un punto intuitivo, de escuela dominical: centrarse en Cristo para averiguar lo que se cree sobre el cristianismo. Pero ¿qué significa eso? En primer lugar, está la cuestión del contenido: ¿a qué debo dedicar mi tiempo?, ¿con qué cuestiones debo luchar y por dónde debo empezar? Y, en segundo lugar, ¿cómo puedo abordar este proceso con honestidad?

Jesús nos guía a través de las tres etapas de cada deconstrucción que he visto: los problemas, los problemas *detrás* de los problemas y el gran problema.

JESÚS Y LOS PROBLEMAS

Siempre que leo sobre alguien que deconstruye la fe, suele surgir un conjunto predecible (y legítimo) de problemas: la autoridad de la Biblia considerando la historia y la ciencia, los milagros, la evolución, etc. Luego hay cuestiones morales como la violencia en el Antiguo Testamento, o la perspectiva de la Biblia sobre la sexualidad o las mujeres. Por último, no sé cuántas veces he escuchado que «la Iglesia», una iglesia en particular, o un pastor han fallado y herido a un cristiano de forma que toda la experiencia de la fe puede parecer irreal.

Algunos otros escritos de este libro han abordado directamente estos problemas. Mi punto principal aquí es que, en la medida de lo posible, mientras luchas, debes prestar atención a Jesús, a Sus palabras y hechos concretos en los Evangelios.

NO SEAS SOLO UN FANÁTICO DE JESÚS, PRESTA ATENCIÓN A ÉL

¿Qué quiero decir?

Es fácil imaginar a Jesús como un personaje de ficción. La gente se aferra a una cosa, la transforma y forma una vaga abstracción de Jesús como avatar de la inclusividad amorosa que acepta la inclusividad o la hostilidad a la «religión». De repente, estamos publicando caracterizaciones sobre lo que Jesús *realmente* diría si estuviera aquí hoy, sin tener en cuenta cómo se contradicen con las declaraciones que hizo realmente. (Quizás incluso estás reaccionando al fanatismo de alguien en el proceso). Apelando al «Espíritu de Jesús» por nuestra nueva incomodidad con el cristianismo, podemos pasar por alto el inconveniente de que nuestro problema no es solo con el cristianismo, sino con Cristo mismo.

Antes de que termines en ese camino, lee las palabras de Jesús y observa Sus actos en los Evangelios.

Lee Sus quejas contra los líderes religiosos y reconoce que nunca ha habido un crítico más feroz de la fe hipócrita, falsa y distorsionada que pervierte las Escrituras debido al poder, la autoridad y el dinero (Mat. 23; Luc. 6). He aquí el Jesús que condena ferozmente a los que hacen tropezar a los pequeños en su fe mediante el abuso o la falsa enseñanza (Mat. 18:6).[1]

Pero continúa leyendo y observa que la crítica de Jesús a las tradiciones religiosas perversas y meramente humanas se basa en Su autoridad única como Mesías, o en la apelación a una interpretación correcta del Antiguo Testamento (Mat. 15:1-9; 22:29-33; 23:2-3; Mar. 7:1-13; Juan 5:39-47). Jesús declara que no pasará ni una tilde de la ley (Mat. 5:18), pues la Escritura es la «Palabra de Dios» que «no puede ser quebrantada» (Juan 10:35). En contra de ciertas tendencias contemporáneas, el desafío de Jesús a la «mala religión» está impulsado por una alta consideración de la Palabra de Dios.

Sigue leyendo para ver al Jesús que acepta a los recaudadores de impuestos y a los pecadores (Mar. 2:14-17). Observa cómo trata con delicadeza a la mujer del pozo que tuvo cinco maridos (Juan 4) y cómo acoge a la mujer con «fama de pecadora» (Luc. 7:36-50). Sin embargo, cuando se le pregunta por el divorcio, este mismo Jesús adopta una postura dura y «conservadora» al respecto. Citando la creación de Dios del hombre y la mujer a Su imagen, su complementariedad, y la intención de Dios de Su unión permanente sobre

---

1. Para más sobre esto, ver John Wenham, *Christ and the Bible*, 3ra ed. (Eugene, OR: Wipf and Stock, 2009), 16–68.

la base de Génesis 1-2, dice que muchos nuevos matrimonios son adulterio (Mar. 10:1-12). Jesús magnifica tanto la misericordia como la ley moral de Dios.

Cristo es el Señor bondadoso que nos prohíbe odiar a nuestros enemigos o devolver mal por mal, porque nuestro bondadoso Dios hace llover sobre justos e injustos (Mat. 5:38-48). También amenaza con el fuego del infierno a quienes ignoran sus palabras (Mat. 5:22; 10:28; 23:33). Afirma que todo el Antiguo Testamento da testimonio de Él y de Su evangelio (Luc. 24:27; Juan 5:39), pero no duda al referirse al juicio del diluvio (Mat. 24:37) o a la destrucción de Sodoma y Gomorra (Luc. 17:26-32). Podríamos seguir, pero mientras reconsideras la fe con los ojos puestos en Jesús, nunca pierdas de vista la persona real y concreta de Jesús proclamada por los únicos testigos que tenemos. Lo que me lleva a los problemas que están *detrás* de los problemas. Al igual que un iceberg, suele haber más cosas bajo la superficie de cualquier deconstrucción doctrinal.

JESÚS Y LOS PROBLEMAS DETRÁS DE LOS PROBLEMAS

En la universidad, tenía un amigo en la clase de filosofía con el que discutía frecuentemente. Él era ateo y yo era el cristiano de la clase. Como era de esperar, debatíamos sobre la existencia de Dios, Jesús, etc. Un día finalmente le pregunté: «Si pudiera dar respuesta a todas tus objeciones, ¿*quisieras* siquiera creer?». (Había oído a mi pastor decir que lo había dicho una vez, así que lo intenté). Se detuvo, me miró y dijo: «Sabes, probablemente no. En el fondo creo que no me gusta la idea de que alguien me diga qué hacer con mi vida». Todo un veinteañero consciente de sí mismo.

Nuestras mentes nunca están desconectadas de nuestros corazones. Tratar con honestidad ese vínculo es crucial para reconstruir nuestra fe. Enfrentarse a nuestras dudas intelectuales y morales nunca es un proceso desapasionado y puramente racional. Somos seres racionales, creyentes y escépticos motivados. Somos pensadores emocionales.

Una vez más, Jesús puede ayudarnos.

JESÚS, INSPECTOR DEL TERRENO DEL CORAZÓN

Jesús relata una parábola sobre las semillas sembradas en cuatro terrenos para explicar las diversas reacciones a Su mensaje del reino (Mat. 4:1-20). Algunos rechazan el mensaje porque Satanás les arrebata la semilla del corazón. Otros dan una respuesta superficial porque tienen una comprensión poco profunda; al no tener raíces, no están preparados para soportar la prueba y la persecución. Mientras tanto, otros dejan que la palabra sea ahogada por «las preocupaciones de esta vida, el engaño de las riquezas y muchos otros malos deseos».

Los creyentes pueden aferrarse a las enseñanzas por razones equivocadas de la fe: temen quedar mal ante su familia o comunidad, o están cómodamente instalados en redes en las que sus creencias refuerzan el poder social. Tal vez los pecados a los que se ven tentados son socialmente aceptables, por lo que solo se enfrentan a un nivel manejable de culpa y vergüenza. Esto no es una fe robusta, es un autoengaño.

Al mismo tiempo, Jesús advierte que podemos resistirnos a Su Palabra en medio de toda clase de impulsos emocionales y presiones sociales que no queremos reconocer, ni siquiera a nosotros mismos. Merece la pena pensar en algunas de las formas en que estos motivos ocultos o presiones externas actúan en el terreno de nuestro corazón.

DINERO, SEXO Y COMODIDAD

Jesús es contundente sobre asuntos básicos como el dinero, el sexo y la comodidad. Recordemos al joven rico que se aleja de Jesús consternado, sin querer entregar sus posesiones (Mar. 10:17-27). Llevo suficiente tiempo en el ministerio universitario como para ver que, aunque muchos llegan a dudar sinceramente, no es una coincidencia que otros se vuelvan escépticos justo en el momento en que sus actividades extracurriculares empiezan a entrar en conflicto con sus convicciones morales. Otros estudiantes dejan de lado su fe cuando su carrera empieza a despegar. Obviamente, no es todo el mundo, y puede que no seas tú, pero Jesús nos obliga a reconocer el hecho de que, al menos, somos *algunos* de nosotros.

Desde otro punto de vista, varios cristianos famosos que han pasado por un proceso de deconstrucción han mencionado el cambio de sus puntos de vista sobre la sexualidad y el género a favor de la afirmación LGBT+ una vez que comienzan a interactuar con personas de este grupo. Algunos se dieron cuenta de que carecían de convicciones teológicas profundas sobre la creación o la naturaleza del hombre, la mujer y el matrimonio, y que solo tenían prejuicios instintivos y mezquinos. Otros vieron en las personas una humanidad que no habían reconocido antes, lo que los llevó a reevaluar sus posiciones teológicas, sobre todo tipo de asuntos, por el deseo de amarlas mejor.

No cabe duda de que eso es lo que ocurrió en parte. Pero Jesús también nos lleva a preguntarnos: ¿es *solo* un nuevo respeto y amor por los demás lo que nos lleva a actuar en estas cuestiones? ¿No podría haber también una capa de miedo a la desaprobación, al entrar en una nueva comunidad cuya buena opinión empieza a importarte más? ¿No podría haber también un deseo de evitar «problemas o persecución» que «surgen a causa de la palabra» (Mar. 4:17)? Nadie quiere sentirse no querido, perder amigos o causar dolor con palabras o creencias. Nadie quiere ser (o que lo llamen) intolerante, ni enfrentarse a las miradas en la oficina, y mucho menos a una conversación incómoda y potencialmente costosa con el representante de recursos humanos.

Jesús nos obliga a ser sinceros sobre las presiones a las que nos enfrentamos.

EL PODER DE LAS NARRATIVAS Y EL EFECTO DE LOS TESTIMONIOS DE CAMPAMENTO

La deconstrucción es aún más fácil cuando consideras que hay una narrativa moral que puedes hacer tuya. Los sociólogos y filósofos llevan décadas diciéndonos que pensamos en nuestras vidas en términos de historias, dramas y guiones, y que la mayoría de las veces

los tomamos de la cultura que nos rodea y encajamos los acontecimientos de nuestras vidas en ellos.[2] Nuestros trayectos en la fe no
son diferentes.

El filósofo Charles Taylor señala que desde el siglo XIX existe un
guion común de cambio intelectual como «mayoría de edad». Dudar
de la fe heredada de los padres se convierte en un paso heroico hacia
la adultez y la madurez intelectual.[3]

En nuestra época, aceptar una supuesta y humilde incertidumbre en
lugar de un duro dogmatismo es digno de elogio. Si puedes hacerlo
en nombre de la justicia inclusiva o del amor al prójimo, mucho mejor
para tu relativa sensación de rectitud. De hecho, puede que incluso
merezca la pena la persecución de tu antigua comunidad eclesiástica
si eso refuerza tu identificación con una nueva comunidad que se
ha vuelto más importante.

Otro relato reconocible es el de los postevangélicos o exevangélicos que huyen de comunidades eclesiásticas dogmáticas, abusivas y
represivas. He estado en la iglesia el tiempo suficiente para saber que
muchas de esas historias son *verdaderas*: el trauma de la iglesia es real.
Es más, Jesús lo sabe. Condena a los que «atan cargas pesadas y las
ponen sobre la espalda de los demás», aunque no estén dispuestos a
mover un dedo para ayudar (Mat. 23:4). Pastores, sean como Jesús y
tomen estas historias en serio y escuchen con paciencia. Y si tú has
sufrido un trauma en la iglesia, por favor, no te avergüences de buscar
un consejero. La salud emocional es esencial para la salud espiritual.

Sin embargo, también he visto lo que podríamos llamar el efecto
del «testimonio de campamento». Si has estado en un campamento de
jóvenes, puede que recuerdes esas noches en las que la gente comparte
testimonios sobre la lucha contra el pecado, el arrepentimiento y la
aceptación del perdón en Cristo. Un chico se levanta y cuenta una
historia personal, abriendo una puerta para otros. Con el tiempo fíjate
en la forma en que la primera historia da forma a la siguiente. Si su

---

2. Ver Christian Smith, *Moral Believing Animals: Human Personhood and Culture*, (Oxford:
Oxford University Press, 2003).
3. Charles Taylor, *A Secular Age*, (Cambridge, MA: Harvard University Press, 2007), 560–66.

testimonio carece de ese patetismo, una pequeña reinterpretación para reforzarlo puede ayudar. A menudo ni siquiera es intencionado, sino que empezamos a recordar las cosas de esa manera.

Por supuesto, el efecto del testimonio de campamento puede ocurrir a la inversa. Las viejas experiencias, incluso las creencias, se transfiguran y se vuelven a narrar para explicar una ruptura con la fe. Los terapeutas señalan que muchas parejas que se acercan al divorcio hacen algo parecido. Cuando su relación es lo suficientemente frustrante, reescriben también sus primeros días; los problemas graves del presente lo convierten retroactivamente en un «matrimonio sin amor» desde el principio.[4] La tentación es hacer lo mismo con Jesús, especialmente cuando hay un patrón de deconstrucción popular. A medida que un mayor número de personas rearticulan sus experiencias de fe, esto se convierte en una red explicativa y en un proceso de autorreplicación cada vez más poderoso.[5] Esto no significa que no haya un problema; probablemente lo haya. Solo significa que debemos ser críticamente conscientes del modo en que otras historias dan forma a la nuestra.

Podríamos recorrer más escenarios, pero esto es suficiente para que consideremos la advertencia de la narrativa alternativa que Jesús nos ofrece en la parábola. Acercarse a la deconstrucción de una manera intelectualmente honesta significa enfrentarse a nuestros

---

4. John M. Gottmann y Nan Silver, *The Seven Principles for Making Marriage Work: A Practical Guide from the Country's Foremost Relationship Expert*, (Nueva York: Three Rivers Press, 1999), 42–44.

5. Jason Blakely ha analizado recientemente el efecto «doble H» («doble hermenéutica»), por el que los modelos científicos económicos y sociales popularizados que se ofrecen para explicar el comportamiento humano acaban filtrándose en la conciencia popular y «producen realmente nuevas identidades, prácticas y mundos de significado». Jason Blakely, *We Built Reality: How Social Science Infiltrated Culture, Politics, and Power*, (Oxford: Oxford University Press, 2020), xxvi. En pocas palabras, cuanto más hablaban los economistas populares sobre las decisiones en términos del «consumidor racional», y este modo de analizar la toma de decisiones se filtraba en la conciencia popular, más gente empezaba a imaginarse a sí misma y a sus decisiones de forma consumista, lo que entonces «confirma» la tesis originalmente postulada. La descripción y el análisis contribuyen al fenómeno. Sugiero que algo similar ocurre con nuestras narrativas de la fe rota y la deconstrucción. El planteamiento de la narrativa puede recolocar y reconfigurar nuestra experiencia, pasando de las dudas y decepciones normales a la fe rota y las traiciones absolutas.

motivos secretos y a las otras influencias que actúan junto a nuestro razonamiento sobre Jesús.

JESÚS ES EL «PROBLEMA»

Al final, *Jesús* es el «problema». Todos nos enfrentamos a la pregunta que Él planteó a sus discípulos: «… ¿quién dicen que soy yo?» (Mat. 16:15). Ellos enumeraron las opciones más populares: Juan el Bautista, Elías, Jeremías o alguno de los otros profetas. Pero Jesús quiso saber: «Y ustedes…». A lo que Pedro respondió: «Tú eres el Cristo, el Hijo del Dios viviente» (Mat. 16:16).

¿Puedes decir lo mismo? Pero ten cuidado: la gente «cree en Jesús» de muchas maneras. Creen en Jesús el Maestro bueno, pero no del todo perfecto y, por tanto, corregible. A Jesús, el consejero bastante perspicaz. Jesús el símbolo convenientemente maleable del momento.

No, ¿quién dice ser *Él*? ¿Es el gran Hijo del Hombre con autoridad para perdonar pecados (Mar. 2:10)? ¿El «Yo soy» que existe desde la eternidad (Juan 8:58)? ¿El camino, la verdad y la vida por el que solo podemos llegar al Padre (Juan 14:6)? ¿El perfecto al que nadie puede acusar de pecado (Juan 8:46)? ¿Es el Señor que reclama toda la autoridad en el cielo y en la tierra y que ha sido vindicado en la resurrección por el Padre (Mat. 28:18; Rom. 8:11)? ¿Es el que dice que amarlo es obedecerlo y guardar Sus mandamientos (Juan 14:15)? ¿Es el crucificado que dio Su vida en rescate por ti (Mar. 10:45)? La cuestión es si confiamos en Él en Sus términos; si no, no confíes en Él en absoluto. Si Jesús es quien dice ser, entonces es digno de confianza, así que puedes confiar en Él para que te ayude pacientemente a resolver el resto. Si no lo es, entonces no vale la pena preocuparse por nada.

No me malinterpretes. Observar con detenimiento a Jesús puede ir en varias direcciones. Puede significar dejar una iglesia abusiva. Puede cambiar tu política. Puede llevar a algunos lugares extraños e inciertos durante un tiempo, ¡yo terminé siendo presbiteriano! Pero al menos tomarás una decisión clara sobre la elección que tienes ante ti.

Cuando te acerques a esta deconstrucción, puede ser tentador permitirte tratar la vida con Cristo como un conjunto abstracto de doctrinas, una institución o una marca a la que asociarte. No lo despersonalices. Para citar el himno: «Fija tus ojos en Cristo, tan lleno de gracia y amor», no prometo que las cosas de la tierra se vuelvan extrañamente sombrías, pero a la luz de Jesús, Su gracia, Su poder, Su compasión, Su gloria, todo lo demás adquirirá la perspectiva adecuada.

En la persona de Jesús, los hambrientos de rectitud ven Su justicia. Los sedientos de compasión ven a aquel que no acaba de romper una caña quebrada. Los que luchan contra la duda encuentran a uno que escucha las oraciones para ayudar a nuestra incredulidad sin juzgarla ni avergonzarla. Y los que están perplejos por la confusión ante las complejidades de la vida, y el miedo a que les mientan una vez más, se encuentran cara a cara con el único que es fiel y verdadero.